人生がどんどんリッチになる「愛されファッションレッスン」

とびっきりかわいい私は、世界にとって宝物

芦澤多美

廣済堂出版

プロローグ

春爛漫！　とっても気持ちのよい3月も終わり。多美の息子たちの家庭教師のゆみちゃんが、ようやく今年大学を卒業して就職することに。

チューリップやラナンキュラスの咲き誇るお庭でお花の手入れをしていると、息子たちの勉強を見終えたゆみちゃんがやってきて、私に相談してきたのです。

「多美さん、いいですか？　相談相談！　私、これまで全然おしゃれとか興味なくて適当な格好していたんですけど、とうとう大学生活も1回も彼氏もできないまま終わっちゃって……。春から社会人だし、綺麗になって素敵な毎日を送りたいんです。でもかわいいファッションとかメイクとかわからなくて……相談に乗ってください！」

ゆみちゃんはいつも長いスカートにダボッとしたセーターを着ていて、なんとなくメリハリのないファッションをしていました。

「この前母がショッピングモールでばったり多美さんに会って、なんでも『愛されファッション』っていうのを教えてもらったそうで、急にすごく若くかわいくなったんです！しかも最近年下の彼氏ができたみたいで……大喜びでしたよ！　ありがとうございました」

ゆみちゃんのお母さんはシングルマザーで、ゆみちゃんとお姉ちゃんの二人の娘を一人で育ててきたのです。実は先日モールでお母さんとばったり会い、お母さんに似合うかわいいお洋服を私が選んであげたのでした。

「お母さん、前はもう結婚もしないし恋愛もしないとか言ってたもんね〜そういえば……。でもお母さんもまだ若いし、これまで一生懸命ゆみちゃんとお姉さんを育ててきたんだから、これからだよね」

「そうなんです。見た目が若くかわいくなったのもそうなんですけど、愛されファッションをしながら、お母さんはすごく元気になりました！　すごくはつらつとしていて、なんか前よりもあまり考えこまなくなったっていうか……。ファッションでここまで変わるんだって。以前のお母さんは黒いセーターとパンツ、ストールにショートブーツみたいな格好をしていたんです。そういうファッションがおしゃれだって言っていたし、私もそれがおしゃれなんだと思ってたけど、多美さんといっしょにお買い物に行って買ったっていうのを見せてもらったら驚きました！　赤いニットにショートパンツにロングブーツ！　しかも『全部でいくらだったの？』って聞いたら7800円！　お姉ちゃんと2人で『それどうやって買うの？』ってひっくりかえるほど驚いて。だから私も教えてほしいんです！」

「えっ、そんなに喜んでくれたんだ！　よかった！　じゃあ、明日ゆみちゃんのおうちに遊びに行くからみんなで待っててね！」

　これまであまりファッションに興味のなかったゆみちゃんですが、愛されファッションでキラキラになったお母さんを見て、とても興味が湧いた様子。

愛されファッションをちょっと実行するだけで、どうやら人生がとってもうまくいくらしい……ということを感じたようです。


そして次の日。私は1冊の本を持ってゆみちゃんのおうちに行きました。

「こんにちは！　多美で〜す。ひろみさん若いねえ〜！　やっぱり赤って元気出るね！」

玄関先で私を迎えてくれたゆみちゃんのお母さんのひろみさんは、赤のざっくりニットに元気なショートパンツ姿がとても素敵です。

「おうちにいるときも愛されファッションにしたら、仕事もはかどるし、イライラしないの。なんだか機嫌よくいられちゃうんですよ！　今日は本当に来てくれてありがとう！」

「あ、多美さんこんにちは、真奈美です！」

「あ、お姉ちゃんも！」

ゆみちゃんの姉の真奈美ちゃんは今年32歳独身で彼氏募集中。

なんでも、お姉ちゃんもお母さんが変わったのを見て、愛されファッションを自己流でやってみているらしいのですが、あまり効果はないらしい……。さっそくお姉ちゃんの部屋に移動してクローゼットを開け、愛されファッションチェックをスタートしました。

お姉ちゃんのクローゼットのなかには、チェックのネルシャツが何枚か、ボーダー柄のワンピース、レトロっぽいテイストのチュニックなんかがありました。

「このほつれたワンピースたちは、色が薄すぎてメリハリがないし、形が崩れたものが多いね。これは全部捨てましょう。お姉ちゃんは結婚がしたいんだよね？　じゃあデートに着て行くようなパリッとしたスーツとかある？」

「えっ、デート用のスーツなんてないですよ～。紺と黒のスーツならあるけど……」

そう言って出してきたのはダークな色のシンプルなスーツ。

「見せて！　あれ？　形がもう古いよ～。それにストレートすぎてかわいくないね。ねえお姉ちゃん、これ着てテンション上がる？」

「……いいえ、上がりません……」

私は、1冊の本、『人生がどんどんリッチになる「愛されファッション」レッスン』を出し、59ページを開きました。綺麗なベージュのスーツを着て、綺麗に髪をまとめ、素敵なハイヒールを履いている女性のイラストが載っています。

「見て、スーツでもちょっと甘めのシルエットのスーツが素敵だよ。こんなふうな。かわいいでしょう？　ウエストが絞ってあって、色っぽくてテンション上がる～！　こんな『自分が女だわ♡』みたいな気分になるファッションをしないと。ねえ、お母さんもそういう感覚わかるでしょう？　愛されファッションをするとなんだかホルモン出ます～っていう感じ！」

「そうよ！　ショッピングモールで多美さんに御見立てしていただきながら、昔恋愛していた頃のあの感覚を思い出したわ！」

「子孫繁栄っていうか、子宮がうずくっていう感覚。そういう熱い感覚をそのファッションを纏《まと》うことで感じるの！」

さて、お姉ちゃんのクローゼットチェックを終えると、次はゆみちゃんのお部屋にみんなで移動しました。

「ゆみちゃん、まずお仕事ファッションからいこう」

「私は、顔はえらが張っていて鼻もぺちゃんこで目も一重で……。でもメイクしてかわいくなろう！　って思って、こないだつけまつげをつけたんですけど、なんだかひどい顔になってしまって……」

「メイクもやり慣れてないと、ちょっとしただけですごく濃く感じてしまったりするんだよね。何かぎこちないし、変な感じって自分自身が安心しないの」

「そうなんです〜〜。しかも大学の同級生に『メイク濃〜い』とか言われて……さらにショック」

「あ、それね。心が子供の男の子ほどそんな反応するんだよ。友達だと思ってたのに、いきなり綺麗になると恥ずかしくなっちゃって。最近子供の男の子がすっごく多いから、女性がちゃんと教育して、よしよししながら育てて、いい男の子になれるようにうまくあしらってあげないと。それぐらいの余裕が大人の色気だし、大人の女性よ。そんなことにまともに反応しておしゃれをやめちゃだめ！」

「そっか〜。そりゃそうですよね、今までメイクもほとんどしないでファッションも男の子みたいなナチュラルファッションだったのに、急に変わったら向こうもびっくりしちゃいますよね……」

「まずゆみちゃんは、ポニーテールするときにちょっと頭の上のところに髪を盛ってからポニーにするといいよ！　横から見たときに立体感が出て全体のバランスもよくなるし、横顔も綺麗に見えるの。さらに顔も小さく見えるんだ♪　これ〈盛り髪ベース2個入り〈ノーブル株式会社製〉〉を使ってみて！　朝忙しくても2分でできちゃうよ。これにリボンのシュシュで素敵なお仕事ファッションができあがり！」

さっそくヘアを簡単にセットしてみました。すると、ゆみちゃんがみるみる女性っぽく変化していき、目がキラキラと輝いていきます。綺麗になっていく自分自身を見て、興奮している様子。実はこの興奮する状態というのが、ハーモニーリッチな出来事を引き寄せたり、運がよくなっていったり、人生を好転させる原動力となるのです。

「デートのときは髪をちょっと下ろして、毛先をくるくるとヘアアイロンで巻いておきましょ♪　そこにリップグロスとマスカラをたっぷりと。愛されファッションもメイクもやり慣れていないという人は、まずはマスカラ、リップグロス、真ん丸チークから始めてみて。これならやりすぎにならないで、いい感じに綺麗になれるよ。そうやってまわりも自分も違和感がないくらいで素敵なメイクをすると、自分でもリラックスして『なんかかわいい！』って感じられるの」

実は、ただメイクをするだけではなく『私かわいい！』とリラックスして思えていることがとても大事。先ほどのゆみちゃんのつけまつげエピソードもそうですが、あまりメイクに慣れてない人がメイクサロンなどでやりすぎると、まわりからどう見られているのかが気になってしまい、なんとなくおろおろしてしまうのです。するとその自信のない雰囲気が態度やしぐさに出てしまい、せっかくメイクをしてもキラキラした雰囲気が出ないのです。軽やかな気持ちでいるからこそ、女性はもっとキラキラしていきます。

「確かにわかる〜。私も、メイクをしてもなんかすっごく変てこになっているんじゃないかって、他人の視線が気になってたかも」と、お姉ちゃん。

「で、ほめられないと『やっぱり綺麗にしたってダメなんだあ〜』ってネガティブになっちゃって、また綺麗じゃない状態に戻っちゃう。それが、ゆみちゃんの陥っていた『綺麗じゃないループ』。これではいつまで経っても綺麗から遠くなるよ〜」

「そうですね、確かに化粧っ気のないグループにいると、ちょっとでも自分が綺麗になると、『化粧濃いんじゃない？』『それってケバいよね〜』みたいに言われて、なんか綺麗を許さないみたいな雰囲気に圧倒されるんです……でも私もそのなかにいたから、実はお母さんに『年下の彼ができたんだけど……』って言われたとき、『許さない！　お母さんが恋愛なんて！』って思ってた。でも、この前お母さんがかわいい格好をして彼と幸せそうに近くのティールームでチョコレートパフェを食べているのを見たとき、私がお母さんに『女性らしくなってほしくない！』って反対していたことは、そのグループの子たちと同じことだったんだって気づいたんです。実は私自身に、『私が女の子らしくしてはいけない！ミニスカートやハイヒールなんて履いちゃだめ！』みたいな感情があったから、お母さんにも許していなかったんだって……お母さん、ごめんね」

「いいのよ！　多美さんに、実は娘が私の恋愛に反対してるって相談したら、『歳は関係ないし、もっとかわいくなっていいんですよ！　あなたが幸せにいきいきすることが一番大事なんです！』って教えてくれたの」

「お母さんがおしゃれしちゃいけないとか、恋愛しちゃダメとか、そういうのってお母さんがかわいそうだよ！　お母さんだってゆみちゃんと同じ女性だし、ゆみちゃんだって彼に優しくしてもらったらうれしいでしょう？　実は私もね、そうやって綺麗にすることに無意識に抵抗していたの。20年近くも。でも気づいたんだ。綺麗になっていい、私はもっと女の子らしくかわいくなっていいって。だからゆみちゃんたちも、自分の女性性を受け入れて、もっともっとかわいくなっていいんだし、ひろみさんも自分が幸せになることに罪悪感はいらないよ！　親が幸せになっちゃいけないなんていう気持ちで愛されファッションをしないなんて本当にもったいないよ～！」

「多美さん、私にも教えてください！　愛されファッションでもっとかわいくなりたい！」

ゆみちゃんの目がどんどんキラキラ輝いてきた！

「オッケーゆみちゃん♪　実はさっきお姉ちゃんに見せたこの本、『人生がどんどんリッチになる「愛されファッション」レッスン』には、普段着、お仕事着からパーティーファッションまで、いろんなシーンごとの愛されファッションが載っているの。それぞれのお洋服の色や形を参考にすることで、通販やショッピングモールのプチプラなものでも愛されアイテムをGETできちゃうよ！」

お姉ちゃんがパラパラとページをめくります。

「わーっ、かわいい！　なんだか、この本見てるだけで元気になってくるみたい！　私もお母さんみたいな素敵な彼を見つけて幸せに暮らしたい♡」

「多美さん、この本を持ってアウトレットに連れて行ってくださ～い！」

「あ、いいわねゆみちゃん！　お母さんも真奈美ちゃんもいっしょに行きましょ！　じゃあ『人生がどんどんリッチになる「愛されファッション」レッスン』片手にショッピングへLET´S　GO～！　素敵な未来に向かって、いつでもどこでも何歳でもかわいくなろう！」

「は～い！」

第2章

すてきな女性になる準備をしよう♪

035

第3章

いつだってかわいくいよう!
普段着ファッション

派手にしなくても華やかに
お仕事ファッション

いくつになってもドキッとさせる♡
デートファッション

恋愛運が上がる♪
女子会ファッション

とことん綺麗の魔法をかけよう
おでかけファッション

印象に残る人ってどんな人?
パーティーファッション

おうちタイムは100%女の子気分で
ルームウェア

これだけ覚えて!
一気に華やかな人になれるヘア&メイク

第1章

多美の「愛されファッションレッスン」スタート

あなたが宝物のように輝くファッションをしましょう♪

こんにちは、芦澤多美です。この本は、あなたが素敵に見えるファッションコーディネートをかわいいイラストでご紹介しながら、美しくなることで自分自身を輝かせ、ハーモニーリッチなパートナーを引き寄せたり、人生を愛と豊かさで満たしていく方法をお伝えする、ほかにはないファッションブックです。

「毎日が冴《さ》えない！」
「いつになったら結婚できるかな」
「仕事もなんとなくマンネリでつまらない、わくわくしない……」

こんなふうに不安や退屈を抱えていませんか？　そんな毎日を変えるきっかけを作るためには、話し方教室に通ったり性格矯正したりすることより、まず愛されファッションを楽しむこと！　するとあなたの日々はすぐに明るいものへと変わりますよ！

愛されファッションとは、「女性が美しく見えるファッション」のことです。

初め私は、開催している講演会で「ハーモニーリッチな男性はどんなファッションが好きなのか？」といったおまけレッスンみたいなものをやっていました。

「ハーモニーリッチ」とは、ありのままの自分でいながら愛する人に出会い永遠に幸せになること、自由に生きながら愛にあふれた人生を送ることです。そしてハーモニーリッチな男性とは、あなたとともにそんなハーモニーリッチな人生を作っていく素敵な男性のことです。二人で一緒にいることが素敵なハーモニーとなり、お互いに生命力に溢れ、誠意を持って相手を愛し、豊かさを享受していく関係を築いていきます。

私が実際に着てみて評判がよかったお洋服や、お仕事が成功したり、飛行機のなかで隣に座った某企業の社長の方に声をかけていただいてちょっとモテたり（?）したファッションを紹介していたのです。

そのレッスンが大好評！　お伝えしたファッションをされたみなさんから次々に、「32年間の人生で初めて声をかけられました！」「お見合いパーティーで3人の男性におつきあいを申し込まれました！」「結婚できました！」「夫婦仲がよくなりました」などのお知らせをいただくようになったのです。しかも恋愛や結婚のことに限らず、「難関企業に就職できました」「喫茶店の売り上げが倍増しました」など、いろんないいことのご報告をいただきました。

どうやら、「女性が美しく見えるファッション」とは、流行などとは関係ないもので、しかもそれを多くの女性は知らないらしい、ということがわかったのです。むしろ流行の多くはモテないもの＝女性が美しく見えないものがほとんどだということもわかりました。

ファッションだけで人生が変わるって本当？

メイクとヘアスタイルもばっちり決めて、一度愛されファッションで街を歩いてみましょう。これをすると、いかに愛されコーディネートをすることですぐにメガモテになれるかがよくわかります。どんな人も、必ず違いを感じるはずです。

では具体的に愛されファッションはどのように作るのかというと、まずはご自分の好きなお洋服を楽しんで選んでいただくことです。自分が輝くための愛されファッションなのですから。

コツは「自分が女だわ～！」という気分になれるものを選ぶこと。自分がばっちり綺麗に見える、それが愛されファッションです。ですから愛されファッションを身につけると、着ている自分自身が一番紅潮して興奮します。それがあなたの醸し出すよい波動となり、まわりに好印象を与えるのです。

素敵な男性ほどそのような波動を察知するアンテナがぴっと立っているので、そんなあなたを見るとすぐに「いいな！」と思い、つい声をかけてしまいたくなるようです。

しかし、巷《ちまた》にあふれるファッションが多すぎて、何を着ればいいのかわからなくなってしまっていたり、「こんなかわいらしいピンクは私が着ても……」「これはちょっと若作り

しすぎかしら……」というふうに、決めつけたりして、自分の本当の気持ちを抑えこんではいないでしょうか？

そうやって迷ったり自分を狭めてしまったりして、あなたが一番綺麗に見えるファッションをしそこなってしまっているのでは本当にもったいない！　それによって、毎日あなたの目の前にあふれているたくさんのチャンスを逃しているかもしれません。

私がレッスンを始めたとき、特に驚いたのは愛されファッションをした方のそのあとの人生の大きな変化でした。

講演会で、全体的に黒っぽい服装で、毛玉だらけのタイツにぺたんこのローファー、だぼついたスカートを履いて「ファッションがまったくわからない」とおっしゃっていた方がいました。その彼女が愛されファッションに着替えた途端、どんよりと暗かった顔が、ぱあ〜っと華やかになって、そのあまりの変貌ぶりに会場にいるみなさんが拍手喝采しました。彼女は、自然と頬をピンクにして恥ずかしそうに笑っていました。

その方は結局クローゼットを一掃し、ワードローブをすべて愛されファッションに替えられて（靴から帽子まで揃えた全身コーデを5パターン、購入金額は9万円ぐらいだったそうです）モテ街道の道を歩まれ、その後結婚されました。愛されファッションのレッスンを始めてから結婚まで、ものの、1年でした。

このように、本当に素直な方は人生の好転が目まぐるしいのです。

講演会には10代から50代の方までさまざまな年齢の方がご参加くださるのですが、特に40代から50代の方は、みなさん確実に5歳から10歳は若くなり、表情もいきいきされて女性らしくよく笑うようになります。

結婚した、彼ができた、というご報告もありますが、再婚される方も非常に多くいらっしゃいます。

ある方は、子供は望まないけれど、ともに旅行や食事を楽しむパートナーがほしい、そのためにも愛されファッションを学んでみたいとレッスンを受け、素敵なパートナーと結ばれました。愛されファッションがその方を美しく魅せて、人生を変えるきっかけとなったのです。

服を替えると「友達」が「恋人」になる

さらによく言われるのが、**職場の人や友人など、いつも知っていた人が、急にあなたを女性として見るようになる**ということです。

まだ愛されファッション歴1ヶ月の方が突然、「結婚します！」とお伝えくださったことがあり、「え？　何があったの？」と聞いてみると、なんとお相手はもう20年も知っていた幼馴染みとのこと。

たまたま彼のお仕事のお手伝いにお友達として誘われたのですが、それがクルーズパーティーだったので、お仕事といえども彼女がドレスアップして黒いビロードのセクシーなワンピースで現れたところ、彼は急にハートマークに。おつきあいをすぐに申し出たそうです。

その彼は今、財界を背負う重大なお仕事で活躍されているそうです。

男の人にとって、愛されないだぼだぼファッションをしているいつも見慣れた女友達は、案外女性として見ていないということがよくあるのです。それは非常に損ですよね。

さらに愛されファッションをすると、「会いたくなる人になる」ということが言えます。

相手の男性が、また会いたい気持ちになるのです。

別の方の例ですが、愛されワンピースで臨んだ最初のデートで自分の第一印象がよかったらしく、

そこまではよかったのですが、「それ以外のレパートリーがない！」と、私のところへ駆けつけて「教えてください！」と来られた方がいらっしゃいました。愛されファッションでこんなにモテると思わなかったから、2回目3回目のデートの服まで考えていなかったとその方はおっしゃっていました。

このように、女性らしく大人のかわいらしさを引き立てる愛されファッションは、あなたをどんどん輝かせるので、モテようとしなくてもモテてしまうのです。

ブランド品も高級品も必要ない

さて、私が本書でお伝えするお洋服はすべてプチプライスで揃えられるものばかりです。実はあなたが着ているお洋服がいくらなのかということを男性は見ていません。

高級品を買わなくても、愛されファッションは完成します。むしろすべて高級品で揃えるとトータルで数万円にもなってしまうというのでは毎月おしゃれも楽しめませんし、しかも高級なものしか買わないでレパートリーが少ないと、「あれ、前と同じ？　しかもここにしみがついてる？」と思われてしまうなんてことにもなりかねません。ですから「高い洋服を着なくちゃいけない」という思いこみは一度どこかにやってしまって、リーズナブルだからこそできる、素敵な全身コーディネートを楽しんでいただけたらと思います。

そもそも高級品が良い悪い、プチプライスが良い悪いという概念は、私のなかでは初めからありませんでした。

それというのも、私の実家は高級すし店を営んでいるのですが、そこに来てくださるお金持ちのお客様がファッションに関するすべての現実を幼少の頃から教えてくれたから。

みんながみんな、高級ブランド品に包まれてやって来たかというとそうではありませんでした。ジーパンにシンプルなTシャツにビジューなサンダルとか、カジュアルなワンピースとか、さまざまなファッションを見かけたのです。

それでも今も変わらず豊かでいらっしゃる方々と、当時はうまくいっていても今はどこに消えてしまったのかわからない方々とは明らかに違っていたことがあります。

それは人としての上品さと思いやり。人を服装で判断したり見下したりしないのです。そんな人たちは今もなお、みなに愛される会社を経営していたり、ご自身も健康で元気でいらっしゃるのです。

私はこんな人たちが本当に大好きです。

そして、その人たちの影響で私は、お金持ちであろうとなかろうと、身につけているもので人を判断する人にならないようにしようと思うようになったのです。

そうすると、「自分も高級品を持たないとダメ」「このブランドじゃないと私じゃない」といった縛りや決めつけがなくなり、いつも自由でパワフルでいられます。私はそんな自分が大好きです。いつだって好きな3000円のワンピースも着られるし、着たくなればドレスも楽しめる。自分が気に入ったら高いものでも安いものでもいいのです。私が全部で1万円以下のコーディネートをしていて「へえ〜、あの人ってそんなにお安いのね」と思われるならそれでいい。そんな人に好かれたいともつきあいたいとも思わないからです。

そういう服やものに決めつけられた人生って苦しいのです。あなたも、誰かによって刷り込まれてしまった「もの＝自分」という価値観からはもう卒業しましょう。

ものに自分の人生を振り回されるのではなく、本当に自分を素敵に見せられるものを上手にチョイスするということが大事なのではないでしょうか。

そんな経験もあり、私は決してブランドものや高級品で全身を揃えて毎日生きなくてはとは思っていないのです。

他人の尺度ではない、本当にお気に入りのコーディネートを見つけるのは、まるで宝探しのようで楽しいものです。

「うわ～！　こんなにたくさんかわいいものがあっただなんて！　私が着たらどんな雰囲気なのかな？　楽しみだな♪」とワクワク感が最高潮に高まります。

そうすると何が起こるかというと、愛されファッションに身を包んだあなた自身は輝き出し、まわりからとっても愛される存在になるのです。

そしてあなたの毎日はお花畑のように明るく楽しくなっていきます。

どこかに出かけたくなったり、もっとドレスを着てみたくなったり。それまでは部屋でゴロゴロしていた休日も、美術館に行ってみようかな、かわいらしいティールームでアフタヌーンティーでも楽しんでみたいな、といろんな行動をしたくなっていきます。

そうして愛されファッションをしながら、いきいきはつらつとやりたいことをしていると、まわりの人たちはあなたの明るさと美しさに、「はっ！」としたり、あなたに直接「あ

なたはお綺麗ですね！」と言ったりします。たとえ直接そう言わなくても、あなたはまわりがそう思わずにはいられない、「歩くミラーボール」のような女性になっていくのです。

外見磨きはお金をかけることじゃない

さて、愛されファッションは外見を美しくすることですが、あまり「ファッション、ファッション」と神経質になる必要はありません。むしろ、特に若いうちはファッションにお金をかけるよりも、勉強や留学など自分の中身を磨くことに投資するほうが、絶対にあとで大きな財産になります。

私がニューヨークに留学していた経験も、今となっては大切な財産になっています。お金はなくても、そのときそのときなりの感受性でいろんなものを見たり、聞いたり、体験したり、人に出会ったり……それらすべては本当にプライスレスです。一生の財産です。もし私が日本にいたままでブランドものに命を燃やしていたら、今の私は絶対にいないのです。

若さはお金では買えません。10万円をブランドものにかけるなら、そのお金をそのときにしかできない経験や自分の成長になることに使ったほうが絶対にハイリターンです。「愛されファッション」はリーズナブルに思いっきり楽しめるものです。お金をかけるなら、あなたが今持っている素晴らしい可能性を最大限に引き出すことを一番に考えて、しっかり自分の中身を磨くことに投資しましょう。すると素敵な男性に出会い、しっかり幸せになります。

イギリス王室のキャサリン妃も、学生時代はお値段を抑えた愛されファッションをよく考えてされていました。プリンスはそんな賢い女性が大好きだったのでしょう。

中身を磨くことで、それなりの中身と釣り合った人に自然と出会う確率が高くなるのです。

雑誌の流行にも気をつけよう

雑誌などを見ていると、モデルさんがまるで作業パンツのような形をしたパンツを履いていて、そこに「今年はこのパンツが旬!」というキャッチコピーが書かれていたりします。

でもそれは、170センチ以上ある綺麗なモデルさんがすら~っと着こなしているから素敵に見えるのであって、たとえば身長158センチの私が着るとただのやぼったい人になり、絶対に綺麗ではないのです。

流行は、あなたを美しく見せるファッションをわからなくさせてしまいます。同じよう

に「着回せる」「便利な一着」などといった言葉もまたそうです。

雑誌に載ると、多くの人がその同じファッションをします。〝作業パンツ〟が流行になれば、テレビのなかのタレントさんも、電車に乗っている人もみな同じように〝作業パンツ〟を履くようになるので普通に見えてくるのですが、5年ぐらい経つと結局「〝作業パンツ〟はやっぱり作業中に着るもの」というふうに価値観が変わります。キャサリン妃が、そんなファッションはしないでしょう。彼女は、カジュアルといってもあくまで王道を抑えているファッションをしています。

なぜ、結婚率が下がったのか、もしかしたら、昔のファッションのほうがセクシーだったからかもしれないこともひとつ原因としてあるのではと私は思っています。

10歳近く年上の私の主人いわく、ボディコンが流行っていた頃は、男の子が女の子をナンパして、みんな恋愛に忙しく楽しかったそうです。女の子たちも女性らしいファッションを楽しんでいた、そんな時代だったのかもしれません。

でも今の時代は女性のファッションでも、ゆる〜いだぼっとした、男性に何の印象も与えないようなファッションがとても多いようです。

そういう洋服は着ていて楽なので、つい私たちも手が伸びてしまいがちですが、実はそれが男の子の心もゆる〜い雰囲気にさせ、「女の子に声をかけなくてもいいや〜」というふうになってしまったように感じるのです。

そういえば男性の友人たちが、モテないダメファッションを見ても「狩り」をする気持ちになれない、そんな気分になるとよく言っていました。

かわいくなるのに無理をしたらダメ

「これを着るのが愛されることなんだ！　だから意地でも着るんだ！」と義務のようになってしまうと、愛されファッションをしても絶対にうまくいきません。

仕事や家のことなどで疲れていることが多くなると、「そこまで愛されるためにがんばらないといけないの？　みんなに媚びないといけないの？」と、ちょっと素直になれないときもあります。そんなときに「あ〜しんどい……でも着なくちゃ〜……」みたいな気持ちで着るくらいなら、着ないほうがましだと思います。

そんな気分では着られるお洋服もかわいそうだし、愛されファッションをしていても、必ずよくないオーラが出てしまうので、いいことも起こりません。

私はこんなふうに思っています。愛されファッションも好きだけど、愛する人には本当の自分を見てほしい、かわいくない服のときもあっても、そんな自分も受け入れてほしい。おばあちゃんになっても深く愛されたい……。

だからなんとなく気分が乗らないときは、自分の好きなコンフォータブルなカットソー、

パンツに楽ちんな靴に靴下で、「全然モテないかもしれないけど、いいんだ！　だってとっても着心地いいもん！」と自分を愛することにしています。気分が乗らないのに無理やり着るのは好きではないし、人に愛されるために自分を欺《あざむ》いているような気がするからです。

ファッションとはあくまでも、神様からいただいた私たち女性というものの体を飾る遊び、創意工夫みたいなものなのです。

愛されファッションで奇跡を起こす

ニューヨークに住んでいたとき、私は毎日Tシャツにジーパンというモテないファッションをしていました。というのもニューヨークでは、日本人がモテファッションをすると地下鉄など特に危ないのです。

でも知人女性の食事に誘われたある日、「なんとなく、今日は愛されファッションが着たいな」と感じました。

そこで自分の気持ちに素直に、白いふわふわのモヘアのニットに黒いスカート、ブーツという、愛されド鉄板コーディネートを選んだのです。

その格好で食事に行くと、そこにいたお客の一人がなんとのちの主人。そこで彼がひとめ惚れをしてくれたおかげで結婚し、今13年目になり、楽しく仲良く生活しています。

でも、もしあのとき、いつものTシャツにジーパン姿で行っていたら、私は彼のひとめ惚れのワンシーンの相手になっていたかどうか、定かではないと思います。

もうひとつ大事なのが「自分の直感」です。直感といっても、「今日はこの服！」とすごく強く思う必要はありません。なんとなく「今日はこれがいいな」とか「あっちのほうがいいな」と思う無意識レベルの感覚です。

もちろん本書では、そんな直感力を磨く方法もしっかりお伝えします♪


さて、愛されファッションはどんな年代の方にとっても「かわいらしくありたい」が叶うファッションでもあります。

あくまでも私の主観というより男性の主観が主なので、とにかくモテます。だから、自分で自分の体の防御はしてくださいね。特にこのようなファッションで夜遅く人気のない場所などをうろつかないようにしてください。電車も気をつけてください。ましてや、コートを羽織らずに、満員電車には乗らないように……。

さらに言えば、私はファッションの専門家でもなんでもありません。

本書のなかで「これはモテない」などと偉そうに書いていますが、それは決してみなさんの気分を悪くするために書いたのではありません。「これが絶対！」というつもりもま

ったくないのです。

ただ、みなさんが人生をもっと楽しくしたいという目的があり、本書がその目的を叶えるためのお役に立つことができたとしたら、とてもうれしいと思っているだけなのです。

だからある意味傲慢なこの本を展開していくにあたり、読者の方に留意していただきたいことは、あくまで参考にするまでに留めてください、ということです。

本書の内容を心地よく思える方だけどうぞ、おつきあいください。よろしくお願いいたします。

第2章

すてきな女性になる準備をしよう♪

今のあなたを見つめてみよう！ ～まず、自分を知ることから～

さあ、それではまず今の自分を知ることから始めましょう。実は自分のことって一番わかっていないものです。私自身かつてまったくモテないファッションをしていたのですが、その頃は本当にモテませんでした。でもその頃の私は、自分のファッションを差し置いて、特別に顔がかわいいわけではなくスタイルもぽっちゃりしているのになぜかいつもモテている子たちを見て、「何でだろう？」とよく思っていたのです。

気がついたらまわりはみんな彼氏がいましたが、「あの子たちと自分と、一体何が違うんだろう？」と漠然と不思議に思っているだけで、なんとなく毎日を過ごしていました。

今思えば、余計な男性が寄り付くことがなかったのでかえってよかったと思っていますが、もし、当時のそのいけてないファッションの自分に、誰かが「こうしたらもっと綺麗に見えるよ！　モテるよ～！」とコーディネートを教えてくれていたらと思うのです。

私たち恋愛諦めましたファッションになっていませんか？

さて、私がレッスンでモテないファッションの例をお見せすると「え～っ！　これのどこがダメなんですか？」とみなさんによく聞かれます。

たとえば「○○コーディネーターがセレクトしたファッション」などで、ダメージジーンズに白シャツ、首にストール、そこにペタンコ靴、のようなファッション、これがなぜダメなのかというと、実はそれは女性目線で男性目線ではないからなのです。男性にとってこのようなファッションは「私は一人でなんだってできるの！」というような〝宣戦布告服〟のように見えて仕方がないのです。こういうのは絶対にモテません。

また、冬になると、デニム素材の長いスカートにタートルネック、エスキモーみたいなぼわぼわの帽子にブーツ、みたいなファッションをよく見かけます。あるいはシンプルなコートでいいのに、「寒いから」という理由でお布団を巻いたようなダウンジャケットなどは男性からすると、まったく萌えないのです。**恋愛を諦めたわけじゃないのに、諦めたように見えてしまうからです。**

このようなコーディネートは初詣のときに女子ばかりの集団でよく見かけますが、これでご縁がありますようにとお参りするくらいなら、愛されファッションにするべきです。そうすれば初詣帰りに声をかけられたりするのです。本当はかわいいのに本当にもったいない！　この場合の愛されコーディネートがわからなかったら、初詣ですから着物でもいいと思いますよ。素敵な大和撫子はとてもモテるからです。

「なぜモテないんだろう？　あの子と自分と何が違うんだろう？」と思う方のクローゼッ

トのなかは、たいていそんなモテないアイテムであふれています。思い当たるという方、思いきってそれを処分して、ぜひ愛されファッションを揃えてみてください。

さて、「自分を知る」ということは、なぜ自分はそんな格好をするのかというところから考えてみること。すると実は男性が嫌いだったり、媚を売る女性が嫌いだったりといろいろな自分の本音が見えてきます。

実はそのようにして自分の本音を深く知ると、なぜか素直になります。するとおしゃれをしてはいけないという罪悪感や女の子らしくしたくないという意地のようなものがなくなって、女性として生まれたことを肯定したい気持ちになるのです。

愛されファッションは媚ではありません。

自分を磨くのは誰のためでもない自分のため。世界で一番自分を大切にできるのはあなたしかいません。

あなたの容姿のすべては神様からいただいた授かりものです。つまり、自分の体や顔にあなたの意思はまったく入っていないのです。そうやっていただいたものを大切に使ってみる、生かしてみるという感覚で、ぜひ愛されファッションをしてみてください。

神様は、どんな美しい自分を見たらお喜びになられるかなあ～とイメージして、自分を宝物のように大切にしてあげてください。

では、あなたのクローゼットを開けてチェック！

まず一度クローゼットの服を全部出しましょう。そして、これからご紹介するようなお洋服や靴があったら、思い切って捨ててしまってもいいかもしれません。

私の場合、全部捨てたのはジーンズ、ジーンズ生地のスカート、ジージャンでした。ブランドもので数万円するものばかりでしたが、何本もあったし、ほめられたことも似合っているねと言われたこともないし、彼にはデートで会った瞬間「着替えてきて！」と言われるし……そういったものばかりだったからです。それにジーンズは、子育てをしていると膝のところなどが薄くなってきてみすぼらしいものです。しかもジーンズほど素敵に着るのに難しいものはありません。すらっとした人なら違うのかもしれませんが、私は身長158センチしかありませんし、やっぱり自分には向いてないのです。だからそのとき、どう考えてももう捨てたほうがいい、卒業しようとふんぎりをつけました。

でも、クローゼットが愛されファッションばかりになるととても安心しますよ。どれとどれを合わせてもかわいいし、おしゃれだし、その結果、あなたの評判もよくなってモテるようにもなり、お気に入りの服ばかりで、毎日が本当に楽しみでいっぱいになります。

さあ、まずはどんなアイテムがモテないアイテムなのかを具体的に見ていきましょう。

今すぐ捨てる！ モテないアイテム

ITEM 1

チュニック

モテない度 100%

ダボッとしすぎてどこがバストかお尻かウエストかがわからないところがNGです。ボディラインを隠すものはダメ！　なぜなら男性は女性の体を見るのが好きだから。自分に自信がないと隠したくなりますが、逆に見せるから自信が出るのです！

ITEM 2

ダメージジーンズ

モテない度 100%

ハーモニーリッチな男性が「車に乗せたい」と思うファッションではありません。どんなにおしゃれに着ようとしても、清潔感がないイメージを男性に与えてしまいます。ダメージジーンズに何万円もかけるようなおしゃれはやめましょう。

ITEM 4
ハイネックニット

モテない度 100%

確かに温かいし便利ですが愛されファッションではありません。男性は女性の首元を見たいもの。さらにハイネックは首が短く見えるという難点が。Vネックやシャツのほうが、首が長く美しく見え、首回りのおしゃれもしやすくて楽しいです。

ITEM 3
ダボッとしたTシャツ・パーカー

モテない度 100%

女性らしさを封じ込めてしまうアイテムです。大掃除でハイターを使うときなど汚れても構わない格好としてはいいですが、たとえ家着で着る場合でも、突然彼が訪ねてきてもいいように、自分が女の子だと心の底から思えるような格好をしましょう。

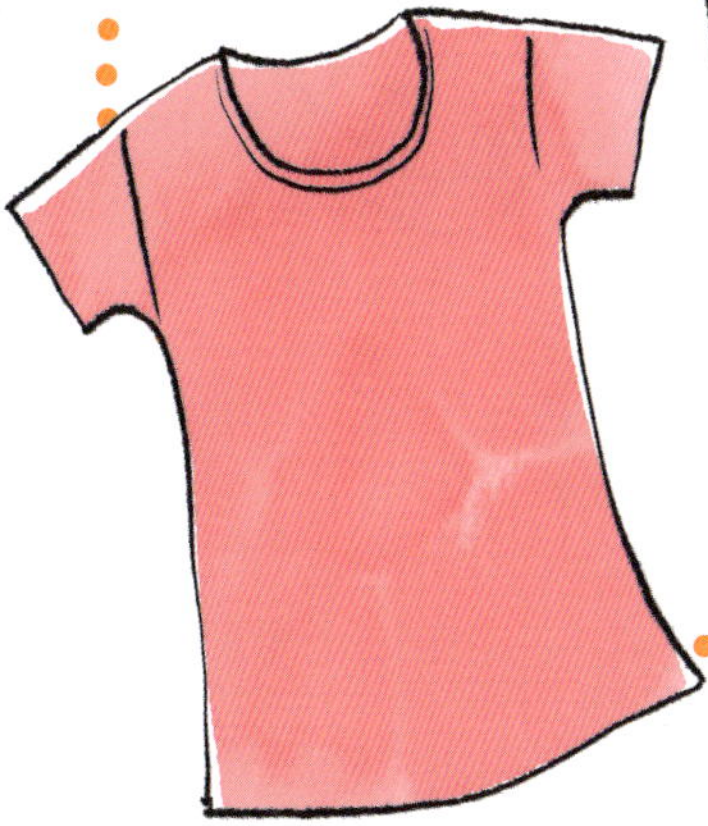

ITEM 5
チェックのネルシャツ

モテない度 100%

結構着ている人、多くないですか？　でも普段着で着ていると男の子みたいに見えてしまいます。しかも色気はなくなってしまい、どこか小汚く見えます。洗うと糸くずもつきやすく、アイロンもかけなければいけないし、モテないわりに面倒くさいアイテムです。

ITEM 6
スニーカー・ペタンコ靴

モテない度 100%

私は結婚前の主人とのデートにスニーカーで行ったら、帰されました（泣）。ペタンコ靴は運動や車の運転時に使うべきです。モテたいときには、ひざ下が長く見えるヒールがあるもののほうが、脚が美しく綺麗に見えてGOOD。

こんなクローゼットだとなぜ悪いの？

これらの「モテないアイテム」を見て、あなたも「わぁ～！　かわいい、素敵！」とは感じなかったと思います。私も何も気分が上がりませんでした。

たとえば朝起きて一日の始まりからこういう格好をしても、まったく気分が上がらなかったのです。

それでも、愛されファッションクローゼットにする前の私は、特に何も考えずに「まあいいか。とりあえずこれを着ておこう」という生活を送っていました。

するとすべてにおいて「まあいいか」と思えてきて、何かを「やろう！」と前向きに思えなくなることが多くなっていったのです。

人の外側と内側は本当にリンクしていると感じます。

ハイネックのニットもパーカーも確かに温かくていいのですが、この格好でどこに行っても、ショップの店員さんやすれ違う人に「綺麗だな」と思われるはずがありません。それどころかぞんざいな扱いをされやすくなる可能性もあります。

それを1年2年5年と続けていくか、今ここで愛されファッションに変えて、みんなから「かわいいね！」と言われたり、「いつもキラキラして素敵ね～！」とほめられたり、街を歩いているだけで注目されるようになるか……。

愛されファッションをすることで、人生を好転させる確率はずっと高くなると思います。

モテないファッションが冴えない毎日を作る

男の子は女の子を誘うとき、お洋服の値段ではなく外見の格好の雰囲気で、なんとなく高そうとか安そうというふうに思うそうです。

ばっちりおしゃれをしている女の子を見ると、「高そうだから、誘っても簡単にOKって言ってくれないだろう。丁寧に扱わなければ！」と思うのに対し、たとえばダンガリーシャツにジーパンのようなモテないファッションの女性に対しては「誘っても簡単にOKって言ってくれそうだから丁寧に扱う必要はない」と思ってしまい、丁寧に扱っていただけないことになります。あまり自分に自信のない男性にとってはそういう女性は声をかけやすいかもしれませんが、そのファッションを続けていたら、もしかしたらいつまでも誘われる人生はやってこないかもしれません。

さて、先ほどお話ししたように、私が主人と初めて出会ったとき、愛されファッションをしていた私に彼がひとめ惚れしてくださり、そのあとも順調にデートを重ねていたある日、私はツインニットにジーンズにキャンパスシューズという最強のモテないファッションで彼とのデートに行ったのです。

今は笑い話ですけど、その日彼と会った瞬間「それ、ほんまにださい！　そんな子連れて歩きたくない。帰って着替えて」と言われました。私は本当にショックで怒ってぷんぷんだったのですが、そうか、じゃあ着替えようといったん家に帰り、わずかなワードローブのなかからどうしたらかわいくなるか、コーディネートを必死になって考えました。

そしてスカートとかわいいVネックのシンプルなカットソーにブーツを履いて彼のところに戻りました。すると彼は「そうそう！　それでいいよ！」とベタボメしてくれたのです。

それから、どんな服を買えば愛されファッションになるのかの研究が本格的に始まりました。そしてモテファッションができるようになったのです。もしあなたがモテないままでもいいなら、そのままでいいかもしれませんが、このように変わりたいと思うなら、素直に変わることで、どんどん綺麗になれるのです。

では、モテない服を一掃したあとで、まずどんなお洋服を揃えていくべきかをお話ししていきます。最低でもデート3回分以上のコーディネートは考えておきましょう。1回目でひと目惚れされたあと、2回目で私のような失敗をしないために！

今すぐ買おう! 愛されモテアイテム

ITEM 1

エレガントな ワンピース

愛されモテ度 70%

春はパステルカラー・花柄、夏は白、秋はブラウン系、冬はダーク系で1シーズンに2枚程度揃えましょう。鎖骨が見えて首元を美しく見せること、ウエストの綺麗なボディラインが出ること、これが愛されシルエットです。特にベルトやリボン付きなどがおすすめ。

ITEM 2

かわいらしい 白のトップス

愛されモテ度 80%

さわやかなかわいさを引き立ててくれるひと目惚れアイテムです。イメージは清純な感じで、ブラウス、カットソーはまずはシンプルなものでOKです。ニットはふわふわのうさぎちゃんのようなイメージのものを探してみましょう。

ITEM 4

ダークなブルージーンズ

愛されモテ度 10%

やはりひとつは持っていないとアウトドアデートのときなどに不便です。ダークな色でぴったりしたものならば清潔感が失われません。必ずピタピタめで着てください。もものところがムチッとしていたらGOOD。逆に大きめで履いてぼてっとしてしまったら台無しです。

ITEM 3

フェミニン&セクシーなスカート

愛されモテ度 80%

スカートは女性らしさを感じるための鉄板アイテム。ふわっとしたかわいいものからタイトで色っぽいものなどいろいろ楽しみましょう♪　黒のタイトスカートは、白いニットやブラウスとも相性がよく、その上にぴったりジャケットを羽織れば愛されコーデ完成です！

ITEM 5

タイトなジャケット

愛されモテ度 80%

ジャケットも絶対にダボッと着ないこと。ワンサイズ下で着るとちょうどいいでしょう。あまりデザインの凝ったものは避けて、シンプルなもので大丈夫です。どんなものにも合わせやすいのでまずはひとつ持っておきましょう。羽織りものにパーカーは卒業しましょう。

ITEM 6

パールアクセサリー

愛されモテ度 90%

ジュエリーでまず必要なのはパールです。できれば8.5ミリほどの大きさの本物が望ましいですがイミテーションでもOK。ネックレスはシンプルと、ロングで何連か重なっているタイプの2つ持っているといいですよ。さらにロングは白系と黒系の2種類があるとワンピースや雰囲気に合わせやすく便利です。

ITEM 8

ヒールのある靴

愛されモテ度 100%

ヒールを履かない人におすすめはOTAのヒールです。黒のブーツはマストアイテム。スカート丈とブーツの長さのバランスはとても重要でニーハイブーツにはホットパンツ、超ミニ丈を、ひざ下ブーツにはひざ上のタイトスカート、フレアスカートを合わせます。

ITEM 7

シンプルな黒の革バッグ

愛されモテ度 50%

あまりブランドが全面に出ているものはやめておきましょう。ノーブランドでも構いません。堅実で上品なお嬢様というイメージで探しましょう。持ち手の部分がチェーンになっているのもおしゃれですよ。ちょっと長い場合は肩にかけて持つと素敵です。

こんなクローゼットだとなぜ幸運を呼ぶの？

これだけ揃えれば、着回しで愛されコーディネートができます。「1ワンピース＋5ジャケット＋8パンプス」や、「2白トップス＋3スカート＋8パンプス」のような組み合わせは愛され度100％です。

クローゼットのなかがお気に入りの愛されファッションアイテムばかりになってすっきりすると、「どうでもいい、なんとなく」という人生から一変して、「これが好き、これがいい！」という主体性のある人生に変わります。

「着回せるし、なんとなくこれでいいか」という理由で購入したものがクローゼットにあると、人生もなんとなくでいい、可もなく不可もなく目立たない自分でいい、となっていくのです。それは、そういう自分がそういうお洋服を選んでいるからです。

さらに愛されファッションを着ることで目立つ存在になることができます。「これが好き、これがいい！」という気持ちでいるあなたそのものがいきいきしてくるので、他人の目に留まりやすくなるのです。そのためには最初はキラキラで明るい色のものを中心に着こなしていきましょう。そうすると自信がついてきて、黒のジャケットのようなすっきりしたアイテムも暗い印象にならずに素敵に着こなせるようになっていきます。

素敵な服がウキウキする予定を引き寄せる！

愛されクローゼットにすると、急なお呼ばれやパーティーへの誘いが増えていきます。

現在そういう特別な機会がほとんどないという方は、たいていクローゼットのなかを無難なもので揃えてしまっているものです。お店で素敵なお洋服を見たときに「わあ～ゴージャス！」とか「デザイン綺麗～！」とか気持ちが華やいでも、「せっかく買っても着て行くところがないから」とやめてしまいます。

でも、**特別な機会がないのは、実はそういう衣装を用意してないからです。**私はこういうお洋服との出会いを「夢のお告げ」と呼んでいます。

どういうことかというと、たとえばお店で素敵な洋服を見たとき、私の無意識はこの先の未来でこのお洋服を着る機会が来ると知っています。だからそのお洋服を着たいと思うのです。そういうお洋服は必ず急なお呼ばれ、パーティーなどであなたを会場の華にふさわしいエレガントで美しい人に演出してくれます。

独身ならそのあとのお食事やデートに誘われるでしょうし、既婚者の場合でもそこで知り合った方とよいお友達になったりお仕事でつながりを持てるようになったりするのです。

単調なお洋服しか入っていないクローゼットは単調な毎日しか生まないのです。

実践！　洋服の選び方

それでは、実際に愛されファッションのアイテムを見つけていきましょう。

まず、愛されファッションには「愛されリッチファッション」と「ソーシャルファッション」の2種類があります。

愛されリッチファッション

主に日常生活での愛されファッションです。ワンマイルウェアであり、通勤、休日、彼とのデート、お友達とのランチ、行楽地へのお出かけ、彼の友達とのパーティーなどの場面で着るかわいらしいファッションです。カジュアルなワンピースや水玉、花柄などがいいでしょう。普段使いのため消耗が激しくなり傷みやすいので、ショッピングモールや通販などプチプライスのお店で見つけるのがよいです。私のおすすめは「＆　by　P＆D」です。

ソーシャルファッション

主に公式な場所で着用するファッションです。ディナーパーティー、コンサート、式典、ホテルで行われる行事、パートナーのご家族に会うとき、ビジネスミーティングなどビジネスに関わる場面などで着用します。白いシルクのブラウス、黒のスカートなどが便利。ラルフローレン、ハロッズ、オールドイングランドなど、イギリスのブランドがおすすめです。楽天の「ルイ・ルエ・ブティック」は安価で素敵なデザインが多くおすすめです。

ファッションとはその場にふさわしいかどうかということも重要なポイントです。

愛されリッチファッションとソーシャルファッションの2つがマスターできると、まわりの人や彼に、楽しんでもらえたり喜んでもらえたり、好印象を持ってもらえるのです。

色の選び方

愛されリッチファッションのときは明るいペールカラーを選びましょう。似合う色を探すときのポイントは試着したら鏡の前に立ち、自分をよく観察してみることです。このときに自分の顔があまりうれしそうではない感じがしたらやめておきましょう。

逆に、「あれ？　なんだか、ぱあ〜っ！　と明るくなった気がする」と思ったらそれはいいサインです。もし過去に、カラーコーディネーターに「あなたはこういうピンクは似合いません」と言われたことがあっても、愛されファッションコーデで着てみると、そういうピンク色も「あれ!?　こんなに素敵、なんかキラキラ輝いてる！」と思えるということがよくあります。

ソーシャルファッションのときは、黒、茶、ベージュなどのダークカラーが多くなりがちですが、明るい赤、明るい紫、ゴールド、白、ロイヤルブルーなどなら、シックに決まります。ダークカラーを選ぶときはダークな紫は避けましょう。

ドレッシーなファブリックとは

サテン、シルク、アンゴラ、カシミアのような高級な素材は愛され素材です。

このような素材がどんなに気持ちがいいか、肌で確かめてみることをおすすめします。

たとえばクリーム色のシルクのキャミソールは一枚あるとVネックのセーターのインナーなどにとても便利ですし、上品でセクシーな大人の色気を醸し出します。そういった普段使いのものからまず着てもいいですし、シルクのパジャマやガウンを購入するのもいいかもしれません。肌触りが明らかに違いますし、夜をエレガントで素敵な時間にしてくれます。

美人オーラを出す服の条件

やっぱり王道は白でしょう。どんな人も美しく魅せてくれます。柄を選ぶとしたら知的に見えるチェック柄、かわいく見える白か黒の水玉柄。赤やピンクの水玉はやめましょう。

ペイズリー柄、エスニック柄は人気がありません。また、ワンピースやシャツなどどんなアイテムでも、まずシンプルな形やラインのものを選ぶとよいでしょう。

靴の選び方

ピンヒールでも太いヒールでも、履き心地のいいものを選びましょう。高額だからといって履きやすいとは限りません。３０００円くらいでもいいものがいっぱいあります。

ソーシャルファッションのお買い物の仕方

1　デパート……やはり最新のものや上質なものが揃っています。ポイントを貯めることもできます。

2　アウトレットショップ……高級なものからプチプライスなものまであり、全身コーデを揃えやすいです。

3　企業のお得意様セール・ファミリーセール……アウトレット並の安さで買えます。

4　ネットオークション……信じられない価格で買えますが、偽物などには十分注意を。

5　通販（ディノス、大丸松坂屋オンラインショッピング、楽天など）……家にいながら、すでにできあがった完全コーディネートを買えます。とにかく時間が節約できます。

モテるアイテムのポイント

この腕は見せる
チェックは王道！
ベルトは腰で
ブーツは丈にかぶらないように！ニーハイはNG
素材はポリエステル綿など

ワンピース

くびれのラインが綺麗に出るものを。首元はゆったりと、スカートはひざ上くらいがベスト。

POINT 1

鉄板愛されスタイルが完成！

ジャケット

これも腰の部分がキュッと詰まっているものを。まずは合わせやすく便利な黒を揃えましょう。

ウールはOK
コーデュロイはNG
何にでもキマる！
くびれのラインきれいなものを

タイトなミニスカートと
合わせてモテ度UP!
クリーニングに出して
パリッとしたものを!
きれいな
くびれのライン
ここを男性は
見ています

ブラウス

胸元がシャーリングになっているものがおすすめ。立体的なデザインは体を美しく見せます。

POINT 2

セクシーさを上げる2大トップス

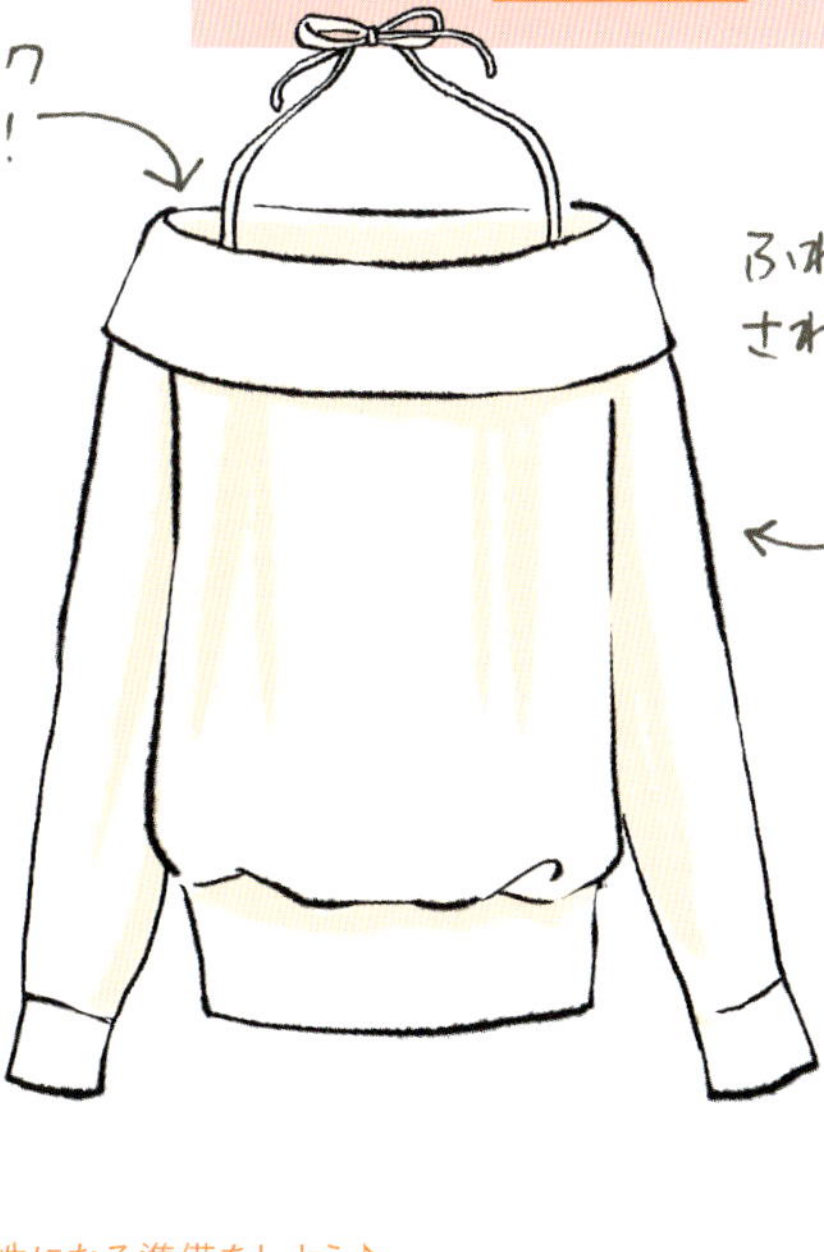
チラ見せルック
Good!
ふわふわ
さわりたくなる
素材!
ショートパンツを
合わせてモテ度UP!

ニット

首まわりがゆったりしているものを選びましょう。白やキャメルなど、柔らかい色が◎。

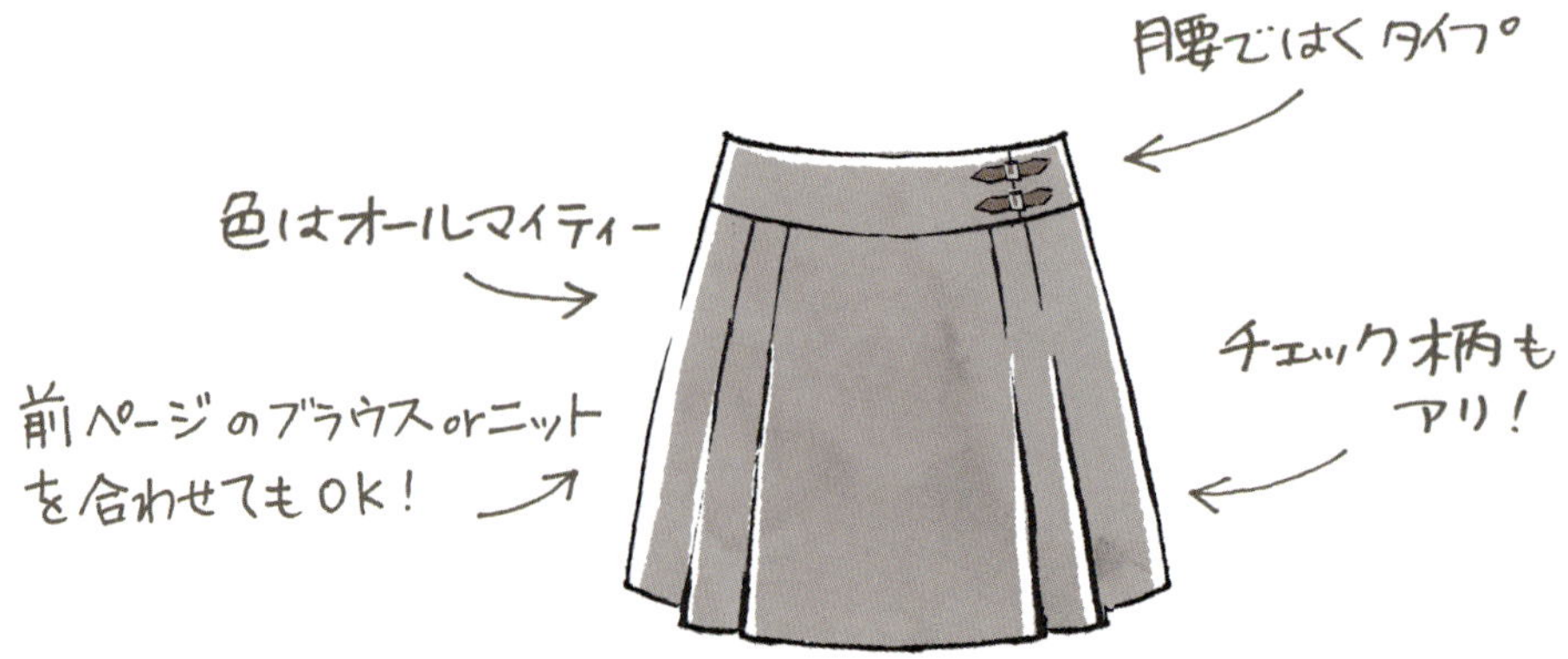
腰ではくタイプ
色はオールマイティー
チェック柄もアリ!
前ページのブラウスorニットを合わせてもOK!

フレアスカート

かわいらしさを演出します。清楚な雰囲気の派手すぎないシンプルなデザインが使えます。

POINT 3

女性らしさを高める絶対アイテム

ベルトなしでもOK
どんなコーデも愛されファッションに!
体のラインがきれいに出る!

タイトスカート

こちらはぐっと大人っぽくセクシーに。サイズがとても重要です。必ずピタめで着ましょう。

POINT 4

コツはぴたっと! きちんと&セクシーに

清潔感がある!
ピタめで!
ムチムチ感は
気にしない!
太ももからヒップのラインを
きれいに見せる
ミュール、サンダルは
NG!

スーツ

上下黒だと重たくなるので、上品なベージュや薄めのグレーがおすすめです。パリッと着ます。

バッグ・靴

ヒールは5～9センチくらい。まずは8センチのものがよいでしょう。バッグは小ぶりで軽やかに。

POINT 5 仕上げは小物で上品とかわいらしさを

太いヒールだと
履きやすく歩きやすくて
Good!

ヒールは8cmくらい
脚がキレイにみえる
華奢なものを

キラキラビジューで
華やかに!
細めのヒールで
セクシーさも
足の爪はキレイに!

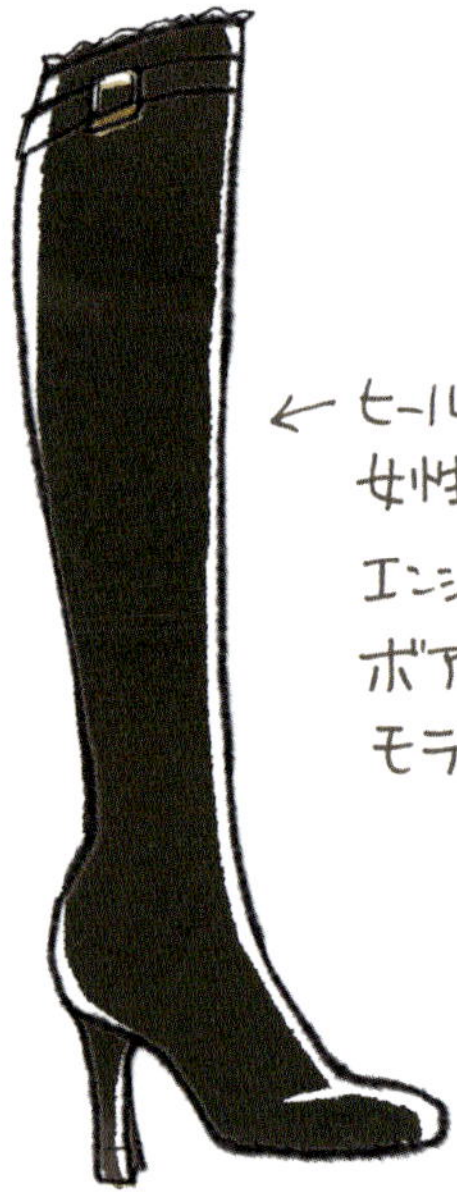
ヒールが細くて
女性らしいものを
エンジニアブーツや
ボアブーツは
モテない

バッグは小ぶりで♡
色は黒・ベージュなどが
使いやすいです。

そのほかの購入アイテム

アクセサリー

パール、またはダイヤモンドのイヤリングかピアスを持っておくととても便利です。なんとなく全体がさびしい感じがするときに一気に華やかさをプラスしてくれます。フープのイヤリングはお仕事ではなくカジュアルな場面のときにつけましょう。リングはあまり華美にならないようにシンプルなものを。未婚の方は右手にはめましょう。

バレッタ、シュシュ

バレッタはソーシャルファッションでさっと髪を束ねるときに使います。アップヘアにするときはサロンに行きましょう。彼や彼の友人たちと遊ぶときなどはシュシュで束ねて、頭の真んなかの高さでポニーテールにします。

エルメス風のスカーフ

アウトドアでのシーンや旅行のときに持っておきましょう。淑女の嗜《たしな》みです。

フレグランス

スパイシーな香りで、「ＳＯＮＯＫＯ」の「オードトワレＳＯＵ」は相手を選ばず印象がいいです。フローラルな香りでは「ＳＯＮＯＫＯパルファム」がおすすめです。

メガネ

縁無しのものにしましょう。太い黒縁のメガネをしていた方が縁無しメガネに変えると、お顔がとても綺麗に見えて、素敵なメガネ美人になります。華奢なタイプのものがおすすめです。

時計

最初に買うなら、私は金属タイプのものをおすすめします。それはドレスでもスーツでもワンピースでも使えるからです。愛されファッションをするようになるとお呼ばれが増えてドレススタイルが多くなりますが、黒の革ベルトのものはドレスでは使えません。日常に比重を置かず、お呼ばれをメインに考えましょう。

金属タイプを購入したら、次に普段使いとして２本目を買うならば、手首が太い人、派手顔の人、ぽっちゃりめの人は黒の革ベルトで大き目のフェイスのものがおすすめ。顔がすっきりした人、キツネ顔の人、細い人は細めをすると素敵です。

絶対失敗しないお買い物の秘訣

お洋服を買うときは必ず、ヘアメイクを美しくした状態で選ぶと失敗しません。

たとえば通販でお洋服を買って、商品の到着を午前指定にしておいたとしますよね。それで寝ぼけたままパジャマで受け取り、そのままそのファッションに着替えると、「え～、これ似合ってないから返品する」となってしまうことがあるのです。

でも、メイクとヘアと合わせて初めて愛されファッションですから、その場合は素敵に見えなくて当然です。

どうしたら自分の顔が一番かわいくなるメイクになるか、最初はなかなかわかりませんが、1500～5000円ぐらいのプチプライスで、メイクとヘアセットをしてもらえるお店がたくさんあるので、そういったお店をどんどん活用しましょう。

サロンに行ってプロの手でやってもらううちに「こうすれば私の顔はかわいくなるんだ！」と、自分の顔が魅力的に見えるメイクが実際にわかります。私はさまざまなヘアメイクさんに来ていただき、自分が最も素敵に見えるメイクの方法を学びました。

メイクはとても大事です。愛されファッションに加えヘアメイクもしてみると「こんなシンプルなワンピースがこんなにかわいいの～～～！！」と絶叫したくなりますよ♪

ダメアイテムのポイント

スーツ

派手すぎる色は、相手に与える印象が強すぎてしまい、愛されモテにはならないので注意。

ジャケット

ダボッとしたシルエットはセクシーさがゼロ。おじさんみたいな色も男性のテンションを下げます。

モテナイ100%
色っぽくない
首元がさびしい
エリがほしい
手首も出てない
アウト!
このコーデでは
相手にされない
男性からすると
モテようとか
感じない
いつまでも友人
でしか見られない

ブラウス

ボウタイなど、変にデコラティブなデザインは男性が引きます。

ワンピース

胸のところで切り替えになっているものは確実に太って見えて×！

スカート

一見OKそうですが、やりすぎたかわいさは子供っぽく見えます。

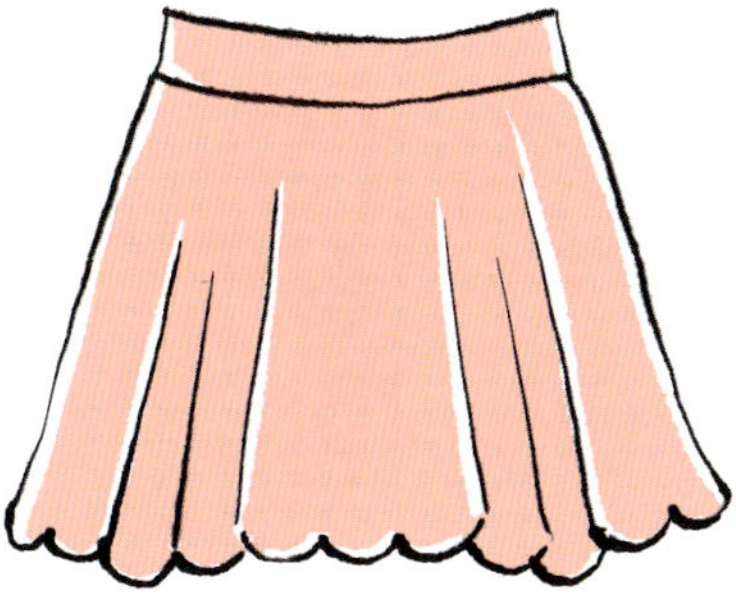

シャツ

男の子っぽいアイテムで女の子らしさを出すのは難しいです。

もうひとつ、愛されファッションアイテムを買うときに失敗しないためのとっておきのコツがあります。それはヘタに着回しできるかどうか考えずに、「ひとつのパターンのコーディネートにしか着ない！」というつもりで買うことです。お買い物に行ったら、そのときにすべてのアイテムを揃えて買うのです。靴もバッグも帽子もワンピースもジャケットもです。このとき、同じブランドで揃えるとさらに失敗は少なくなります。

なぜかというと、たとえば私の場合、以前雑誌で素敵なロングジャケットを見てさっそくお店に買いに行ったのですが、そのジャケットを購入してから気づいたのです。家にあるお洋服を合わせても、どこか素敵にならないのは、お店でコーディネートしてあった下のパンツも靴も合わせて買わなかったからだと。さらには、そうしないとそのジャケットが「かわいい！」と引き立つコーデにならないことにも気づきました。やはり、単品買いはたいてい失敗します。「このブラウスかわいい！」「スカートかわいい！」だけで買うと、家に帰って何を合わせれば素敵なコーディネートになるのかを考えたとき、とても難しいのです。

これはネット通販だとわかりやすいです。通販はアイテムごとでももちろん買えますが、その場合同じ失敗をすることが多いのです。だからあらかじめ考えられた全身コーディネートをまるごと買えば、コーディネートで失敗することがなく、とても便利なのです。そうして一度全身すべてのコーデを身につけてみて、鏡の前で色や丈など全体のバランスをしっかりと見てみます。その試着の結果、似合わないなら返品です。

そもそも私はとてもずぼらなので、いろいろコーディネートを考えたりお洋服を細かく収納したりすることが苦手でした。それで考えついたのが、この「その通りにしか着ない！」作戦。これは本当に楽です。ずぼらだからこそ発見できた愛されファッションコーデを成功させるひとつの秘訣です。覚えておいてくださいね。

さらに、愛されファッションはお洋服だけではありません。素敵な男性に好かれるには身だしなみや中身も同じぐらい大切です。

健康な体、健康な肌、綺麗な髪と爪、白い歯、行動、しぐさ、態度、すべてです。お洋服だけで完結せずにハーモニーリッチな生き方をすることが大切なのです！

「私はお花のよう」でオーラが輝きだす

私たち女性はお花のようです。本当に美しいものを持って生まれてきました。

それがなぜか、「かわいくない」とか「鼻がもっと高ければもうちょっと美人なのに」などと両親に言われて育ったり、まわりの人から言われたり、世のなかのさまざまな刷り込みによって、自分がお花のような存在だということが信じられなくなってしまうことがあります。でも本当に、生まれてきたあなたはお花、祝福されるべき存在そのものなのです。

自分をお花と思えない場合は、まず自分を愛することを学びましょう。拙著『今の自分がみるみる好きになる本』（学研パブリッシング）のなかにたくさんのワークがありますので、ぜひやってみてください。

ここでは自分を愛するための簡単な方法をひとつご紹介します。

それは、**バラのお風呂に入ること**です。

バラのお花をお風呂に浮かべて優雅にくつろぎ、花びらを胸や子宮のあるお腹にあてたり、バラを抱きしめてそっと顔にあてたりします。それは自分を愛するエレガントな時間です。

私も月に1～2度楽しみます。すると「私はお花なんだあ～」と心の底から思えてきて、とても癒されるのです。あなたも、バラのお風呂に入ればじわ～っと涙が出てきたりして、うれしいエネルギー、美しい香り高いエネルギーが心の底に湧いてくるのを感じることでしょう。そのエネルギーによって、あなたの愛されオーラは花開くように美しくなっていくのです。あなたもバラのお風呂に入ることで、自分を温めて大切にしながら、さらに素敵な「愛されファッションライフ」を楽しみましょう。

それでは、あなたの愛されオーラがどんどん美しくなっていく素敵な全身コーディネートを見ていきましょう！

第3章

シーン別
愛されコーディネート
レッスン

いつだってかわいくいよう！　普段着ファッション

朝目覚めたらシャワーを浴びてシルクのガウンを羽織り、そのあとヘアメイクをしながら家事をする、そんな私の毎日は、たとえ一日家にいるときでも愛されファッションです。

あなたも着ていて楽なジャージー素材やニット素材のワンピースに黒のタイツを合わせたり、71ページでご紹介しているようなふんわりしたニットにショートパンツを合わせてニーハイを履いたりしてみるとかわいいですよ♪　ちなみに私は子育て中心の毎日なので、動きやすくすぐに洗えて、上品セクシーな女性らしいものが中心です（そういったルームウェアについてはあとでご説明します）。普段着から綺麗にしておくと、何気ない普通の毎日が楽しいことでいっぱいになっていきます。いつどこで何が起こるかわかりません。

しかし、昔の私はこうではありませんでした。膝の抜けたジーパンを愛用していた当時の私は、「何もないのに綺麗な格好をしてどうするの？　何が起こるの？　たとえ何かが起こったとしても、起こってからそういうファッションをするんでしょ？」と思っていました。そしてお店で綺麗なワンピースを見るたびに「着て行くところがないから必要ない」と言っていたのです。でも何かが起こるか起こらないかが問題なのではなくて、そうやって**いつもかわいくしているという習慣が大切だということにやがて気づきました。**

〝プチプラでかわいく♪〟を習慣にしよう

言うことなし！
首元セクシー
アクセなしが
正解！
着心地よい
セーターで
触りたくなる♡
この
切り替え
OK
体のラインが
見える
ぽっちゃりさん、
おやせさん、
年代フリー！
脚が
かわいい
Spring&Summer
Autumn&Winter

40～50代も
オススメ！

だからあなたも、たとえ近所のスーパーに行くときでもヒールのあるサンダルとスカートで行きましょう。普段から愛されファッションだといろんないいことが起こるからです。たとえばお肉屋さんでちょっとコロッケをおまけしてもらえたり道で男性から声をかけられたりと、あなたのことを「綺麗な人」と思うことでみんながあなたに優しくなるのです。そうやって世界が変わっていくのです。逆にどうでもいい普段着でいると、朝からまるで自分が女性でないような気がしてなんとなく元気のない一日が始まってしまいます。また、いけてないファッションはやっぱり体のラインを隠してしまいます。たとえば73ページのイラストのようなチュニック、ドルマンニットやサルエルパンツ、作業着のようなカーゴパンツ、ヤンキーファッションなどがそうです。

そういうお洋服はよく雑誌などで「ラクチン」「リラックス」と書かれていたりするのですが、どんなに楽でもちっともセクシーではありません。特に普段着は毎日着て洗うものなので消耗も激しく、その結果エネルギーが低くなりやすいものです。

普段着愛されコーディネートのイラストを見て「私はこんな若いファッション着れないわ～」と思った方、いらっしゃいますか？　実は、そのような決めつけの思考はどんどんあなたから若々しさを奪ってしまいます。雑誌などを見ていると、「30代はこのキャリアファッションを！」「気品のある40代はこれじゃないと！」というふうに、歳相応のおしゃれを推奨するイメージの写真がたくさんありますよね。これによって「おしゃれは年相

モテない COORDINATE 1

気分がウキウキしない格好をするのはやめよう

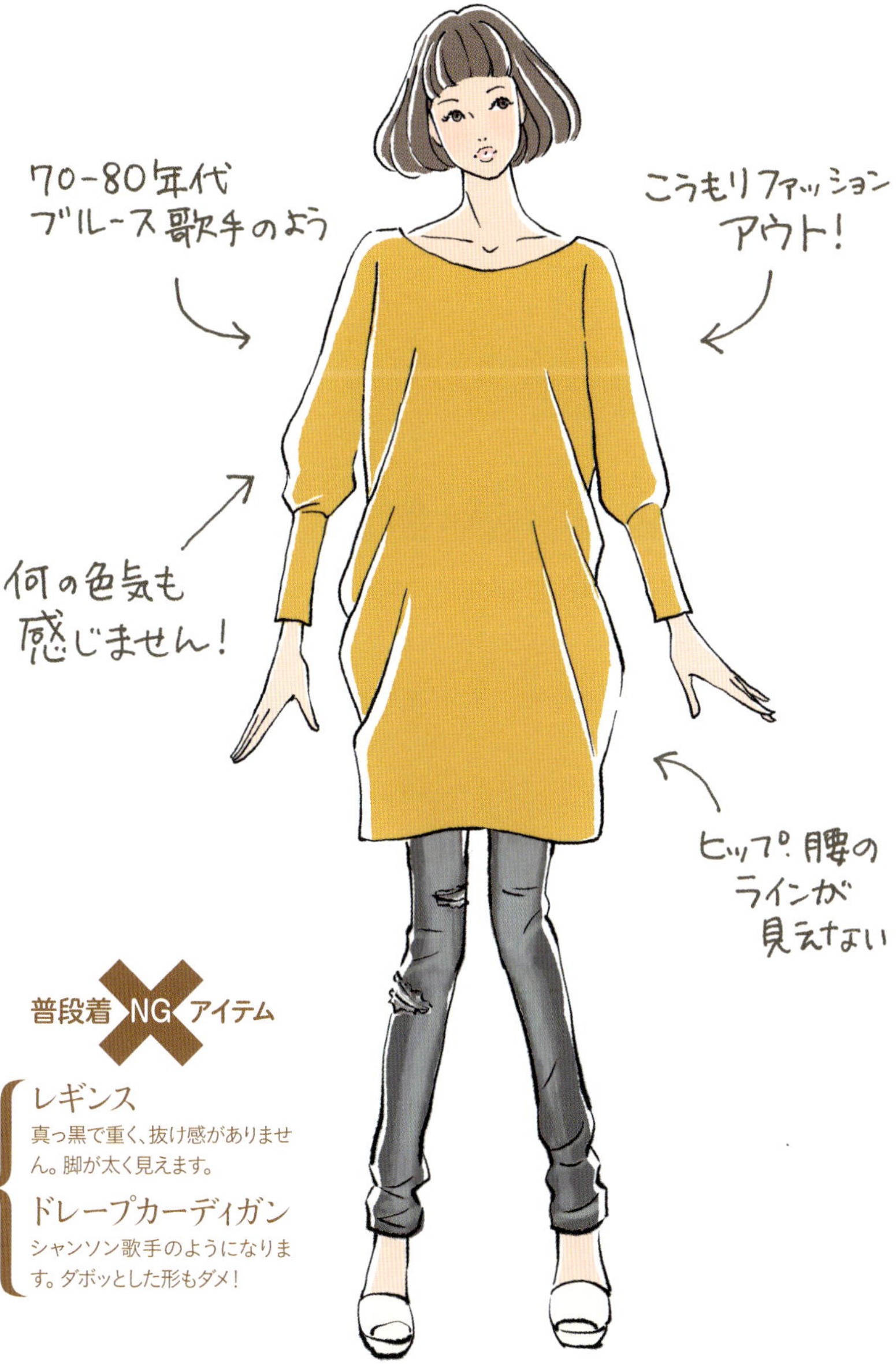
70-80年代
ブルース歌手のよう
こうもりファッション
アウト!
何の色気も
感じません!
ヒップ、腰の
ラインが
見えない

普段着 NG アイテム

レギンス
真っ黒で重く、抜け感がありません。脚が太く見えます。

ドレープカーディガン
シャンソン歌手のようになります。ダボッとした形もダメ!

応にしなければならないんだ」という決めつけの概念があなたの頭に刷り込まれてしまっているのです。それであなたは「こんな若いファッションできない！」となってしまうのです。でも、本当はいつまでも24歳くらいに見られたらうれしいのでは？　そうありたいと思うのでは？　そう自分の本心に聞いてみると「そう、私はＳＥＩＫＯちゃんのようにいつまでもフリフリの白いドレスが着てみたかったの～♡」と思うことでしょう。

ぜひ若々しいファッションに挑戦してみてください。もし最初は不似合かなと思っても、**若々しいファッションをすると、それに見合うような髪型やメイク、お肌のお手入れを「やろう！」という気が起きるのでどんどん若々しく綺麗になっていきます。**逆に、「歳相応」という言葉は、あなたの「何かをやろう！」という気持ちを抑えてしまうのです。

もちろん、普段着ですから高価なものを買う必要はまったくありません。

私も日常ファッションを見つけるためによく行くのは大型ショッピングモールです。モールにはプチプラでかわいいものがいっぱい売っています。子育てや家事で汚れたりするのに、数万円もするワンピースを着るのはどう考えても不経済。あなたもぜひ、この本を片手にお買い物に行ってみてください。きっと素敵なものが見つかりますよ。

ちょっとコンビニに行くときでもふんわりスカートとヒールのある靴で女性らしさを忘れないように。プチプライスのもの中心でいいので、愛されコーデをする習慣を作りましょう。

派手にしなくても華やかに お仕事ファッション

以前、私が主人といっしょに某大手機械メーカーを仕事で訪問したときのことです。そこはいわゆる「男性ばかりの部署」というところでした。内勤作業をしていた何人かの女性の方はみな私服だったのですが、パンツにカットソーや長いスカートにセーターといった、まるでわざと男性に目を向けられないようにしているようなファッションばかりでした。

しかし、私たちの対応をしてくださってお茶を持ってきてくれた女性はそのなかで一人、愛されスーツに綺麗なヒールを履いていて、女性らしく素敵な愛されファッションをされていました。スーツの下はシンプルなVネックのカットソー、そこに素敵なキラキラネックレスがさりげなく光っていました。聞くところによると「開発部の方と社内結婚するんです」とのこと。お相手は開発でもやり手の男性で私たちもよく知る方だったので、素敵な人はやっぱり違うなあ～と思いました。

愛されお仕事ファッションは、79ページでご紹介しているようなものです。春夏の白いジャケットに千鳥格子柄のスカートのコーディネートで営業に行くと必ずいい反応を感じるでしょう。あなたの顧客が増えるかもしれません。プレゼンのときや改まった会食、出張のときなどにもこのコーディネートはいいですね。これまでお伝えしてきているように、

胸を張って自信を持って着てみよう！

胸元がセクシーポイント
この体のラインを見せる！
上品セクシーなそで！
タイトスカートでもOK
40〜50代もオススメ！
Spring&Summer
これも おやせさん ぽっちゃりさん 関係ありません！
ヒールは8cmで♡
きれいなIライン
羽織りモノはロング丈で！
ベルトはウエストで！
ここのバランスが大事！
Autumn&Winter

こういったスーツは必ずピタッと着てください。サイズは1サイズ下ぐらいでもいいです。ダボッと着るほどモテないのでご注意を。お仕事ファッションでは、つい「まわりの人から浮かないように」ということを気にしがちですが、たとえば秋冬ファッションの場合、華やかでシンプルなワンピースにロングカーディガン、そこにウエストマークのベルトをしていたとしても、特に目立つというより、「センスいいなあ」と上司からも同僚からも思われます。スカートの長さはひざ上10センチくらいだとバランスよく、脚が綺麗に見えます。このコーディネートは通勤にもぴったりですし、社内で働くときも「できるOL風」です。このスタイル2つで、男性上司にしづらいお願いがしやすくなること間違いなしです。

ビジネスマンといっても、部署や仕事内容によって愛されファッションに対する好みにも系統があるようです。営業系や自営業の方などには華やかなオフィスカジュアルが喜ばれるみたいで、シックな黒のジャージー素材のワンピース（しわになりにくいのでよい）なども好評です。建築関係の会社や高級自動車販売営業の方などは、白や千鳥格子柄など華やかさのあるスーツがいいようです。歴代続く会社や由緒正しさを重んじる会社では華やかさよりも上品さを求められるようで、白のブラウスに黒のタイトスカートなどシンプルめが歓迎されるようです。

NGコーデのこのスーツは悪くないのですが、インナーのブラウスがダボッとしています。これは痩せている人が着ると貧相な雰囲気になりますし、ぽっちゃりさんが着るとボ

ダークカラーは近寄りがたい印象になりがち

完全にNGではないけど、このあと合コンやディナーに誘われたとしたらGoodファッションではない
このブラウスは×
インナーをVネックのカットソーにすれば
OK!

お仕事 NG アイテム

分厚いストッキング
糸くずがつきやすく、脚が透けないので、これも脚が太く見えます。

ツインニット
奥さんふうに見えてしまいます。丈のバランスも難しいです。

テッと見えてしまうのです。この場合ブラウスはシンプルなものがいいです。インしてベルトをして着ましょう。さらに、ぽっちゃりさんの場合はパンツはこういったストレートよりフレアタイプのほうがおすすめです。靴は必ずヒールのあるものを。仕事中に足が痛くなりやすいという場合は、厚底のサンダルなどがおすすめです。

それからお約束として「毎日同じスーツを着ない」ということを覚えておいてください。

スーツは2パターン購入しておいて毎日入れ替えて着るというのがよいのです。ジャケット、パンツ、スカートのスーツのセットは1万円ぐらいでも買えます。それにシャツ、ブラウス、Vネックのカットソーなどインナーを数枚用意しいろんなパターンで着ればOKです。カップ付のレースのキャミソールなども数枚あると、シャツやカットソーのインナーに使えて便利です。

機能性や洗いやすさというのも大切です。愛されお仕事ファッションのポイントはなんといっても清潔感。生地のヨレ、匂い、しみ、しわなどは厳しくチェックしましょう。汗をかいたりして傷みやすいので「1シーズン着用したら、捨てる」くらいでいいかもしれません。それでは次はいよいよデートファッションです！

二日連続で同じスーツを着ないこと。ヨレたりするのも早いので、風合い、新品感がコーディネートのキモになる。

いくつになってもドキッとさせる♡デートファッション

デートの待ち合わせの場所にやってきたあなたを彼が遠くから見たとき、あなたのファッションがかわいいと彼はとてもうれしくなります。特に、今回77ページでご紹介しているような「白いブラウスに黒のスカート、ビジューサンダル」や、「花柄ワンピースにロングカーデにブーツ」といったスタイルなら、映画館、観劇、遊園地やお食事といったどんなデートでも彼はうれしく感じることでしょう。

さらに、どこに行ってもあなたはその場の注目の的になるので、彼は他の男性の目線があなたに向けられているのを感じずにはいられなくなり、あなたを一人残してお手洗いに行ったり、あなたから離れたりすることをやたらといやがります。「一人にさせたらどんな奴が誘ってくるかわからない！」とほかの男性からあなたを守ることに必死になるのです。逆に、いけてないダメファッションだと彼のテンションは低いデートとなってしまいます。

本書でご紹介しているファッションコーディネートは、比較的すべてデートファッションとして使えますが、**特にデートにふさわしいのは、クリーニング店でないと洗えないような高級な素材のお洋服です。**ですからデートでスーツを着ていくのもありです。

ウエストラインと鎖骨を見せて、ヒールで仕上げる

手首は
見せる！
上品
セクシー♡
キラキラビジュー
サンダル♡
40〜50代も
オススメ！
Spring&Summer
アップヘアで
すっきりと♡
メガモテ！
この丈の
バランス
Good！
Autumn&Winter

昼デートの場合、肌が露出するものは避けましょう。夜は少し肌の露出があってもいいかと思いますが、そもそも夜の9時や10時に待ち合わせをするなど夜遅くのデートはやめておきましょう。軽く見られてしまうのでデートに誘ってくるのがチャラついた人ばかりになります。

また、特にデートファッションではTPOをわきまえることもポイント。彼だけと遊びに行く場合もあれば、彼の友人がいっしょだったり、彼のご実家にお呼ばれされたりなどもありますね。その場合はあまり露出の高い服はやめておき、77ページの春夏ファッションのような清楚な雰囲気でいきましょう。これは靴をブーツに変えれば秋冬でも着られます。

実は春夏と秋冬どちらのスタイルも、コートや靴を変えるだけで両方のシーズンで着られるのです。特に春夏はスプリングコートにするなど、羽織りものや小物を変えることでたくさん着回せますよ！

ただしご両親のお宅へお呼ばれされた場合は、玄関先でお見送りされたときにブーツだともたついてしまうので黒のエナメルパンプスにするのがベター。帰るときはご挨拶をしてスマートに帰りたいものです。できるかわいい奥さんになれる、という雰囲気でエレガントに。

こちらのダメコーデは私も好きですし、女の子ならば好きと思うようなファッションか

ドーリー、ロマ系はデート向きではないので注意

リボンが
少女マンガ
そで、ダボついて
モテない
ヒョウ柄など
アニマル柄は
やめましょう
女の子だけが
好きなコーデ

デートNGアイテム

つやのない髪

ヘアがぼさぼさだと愛されコーデは台無し。セットに自信がない人はサロンで簡単にセットしてもらいましょう。

もしれないのですが、ロマンティックすぎる格好は男性には好評ではないようです。

さらに濃すぎるメイクもNGです。大きすぎて不自然なつけまつげはやめましょう。アイメイクは付けているかいないかぐらいのハーフタイプのつけまつげをするか、重ね塗りのマスカラだけでもいいぐらいです。

大きなつけまつげは何かの舞台発表会に出るなど非日常のときにはよいかもしれませんが、デートのときには近寄ったときにバサッと音がしそうで相手には怖いのでやめましょう。のりでべとべとした感じや、マスカラのもろもろがついているものもアウトです。

靴はいつもピカピカにしておきましょう。汚い靴はNG。かかとがカツカツ鳴るヒールも朝帰りのお姉さんのようになってしまいます。タイツも洗濯機で丸洗いしたあと毛玉がついてしまっているものは履かないようにしてください。

アクセサリーは、昼間からジャラジャラと着けるのはおかしいです。エレガントなワンピースに、大きめのイヤリングか、またはプラスティックのロングネックレスくらいならいいでしょう。パールやキラキラしたビジューのついたロングネックレスは夜ならOKです。

それでは、次は女子会コーデへ参りましょう♪

シルク、サテン、アンゴラなど高級な愛され素材を着よう。
露出はTPOをわきまえながら、できるだけ控えめに。

恋愛運が上がる♪　女子会ファッション

女性同士でいるときでも、男性との出会いのために愛されファッションをしたほうがいいのでしょうか？

もちろんするべきです。友達に会いにいくときに愛されファッションをして出かけたら、その途中に出会いがあるかもしれません。あるいは、友達と会う場合でなくても、お料理教室などの習い事でいっしょになった歳上のマダムが、あなたの愛されファッションを見ていい印象を持ち、「いい人がいるからあなたに紹介するわ！」と言うかもしれません。

私も今の夫とは知人女性と食事に行った場所で出会っています。出会いとは至るところにあふれているのです。でも、**あなたが見た目を美しくしていないと、「この子は男性に興味はないのね」と思われてしまって、誰もあなたに男性を紹介しません。**

そもそも女友達と会うときに、ださいファッションで行かないといけないとか、地味な友達に合わせないと関係が成り立たないというのだったら、その関係自体に無理があると思います。あるいはもしそれが「相手だけモテることが許せない」といった足の引っ張り合いの関係なのだとしたら、その関係は一生あなたを苦しめるかもしれません。

知っておいていただきたいことがあります。それは、誰かがあなたを遠くから見たとき、

女友達から〝綺麗！〟と言われよう

ヘアは
さらっと
(キツネ顔
の人向き)
ウエスト
見せる！
素足には
スプレータイプの
ストッキングで
あざなどを隠す！
Spring&Summer
サンダルには
ペディキュアを
アイラインが
くっきりだと
ケバくなるので注意！
ナチュラルメイクで
ファンデはあつぼったく
塗らないこと！
茶髪すぎない
こと
ネックレスは
じゃらじゃらしない
プチネックレスなら
OK
花柄は
やめましょう
彼と一緒なら
網タイツも
OK
Autumn&Winter

実はあなたのそばにいる友人も含めた全体の雰囲気で、あなたの印象は決定づけられるということを。あなたが素敵で明るい心の美しい人といっしょにいたら、そのシーンを見かけた人は、あなたも素敵で明るい心の美しい人だという印象を持ちます。ですが、不吉な顔をして人の不幸を喜んでいる女性が隣にいたらあなたの顔もまた不吉で人の不幸を喜んでいる人に見えるのです。もし、そういう友人がそばにいるのなら、それとなく離れましょう。あなたがこれから素敵な愛され人生を歩もうとしているのに、他人の不幸が好きな人や、わざわざモテない行為を推奨する人間関係に心を留めておく必要はありません。

さて、86ページでご紹介している、「白ブラウスにベージュスカート、ビジューサンダル」の春夏ファッションは特に清潔感が大切です。秋冬ファッションのこういったモノトーンのワンピースはとても素敵ですが、お顔が派手なタイプの方やキツネ顔の方は似合わないこともあります。ちなみに私は似合いません。

次にこのモテないスタイルですが、まず全体的に抜け感がなくて完全に武装しているように見えるのがNGです。ストライプはスタイルによってはOKですが、ボーダーは太って見えるのでかわいくありません。他に毛糸の帽子、もこもこのセーターやどくろプリントがされたカットソー、ビリビリ模様のレギンスなどもNGです。これらのものは清潔感がありませんし、ビリビリ模様はセクシー感ではなく、軽い人という印象を与えます。そういうスタイルがなぜか雑誌ではCELEBファッションと紹介されているのです。あな

女の子だってことを忘れてしまう服はダメ！

画家のよう
合皮または
固い革の素材は
やめる
抜け感なし！
透けない
黒タイツも
アウト！

友人とランチ NG アイテム

レトロな色・柄
若々しさが失われて×。個性が強すぎると女性らしさが薄まります。

オールインワン
竹刀を持って走ってくるかのようなやんちゃなイメージです。

たの理想はレディー・ガガでしょうか。あるいはあなたはポップスターを目指しているのでしょうか。どちらにしてもモテません。やめておきましょう。普段の生活から浮きすぎています。そういうファッションをしたモデルさんたちが、けんかを売っているような目つきでポーズをとっているのは、美しいというのではなくもはや怖い感じが私はします。ましてや、こんなファッションの女性同士が愚痴りながらランチをしていたら……まるで魔女の食事会のようで恐ろしく、素敵な男性が声をかけることはないでしょう。

あなたが愛されファッションをしたら「私もそんなファッションがしてみたいから教えて！」と言う人や、自分も綺麗になって幸せになりたいと素直に思う人が、あなたのまわりに現れます。そんなふうに人の幸せを素直に喜べる人があなたのまわりにいると、あなたの内面の魅力も、輝きを放ち始めるのです。このようにお洋服だけではなく、自分が幸福になるための自分の好きな人間関係を自分で選んでいくことが、精神的に自立しているということです。愛されファッションはそもそも上品でセクシーなものですが、人間的にも自立して成長しようと思う女性が着ると、「知性×セクシー」というギャップが生まれ、その人らしいコーディネートになり、素敵な個性が際立つのです。

女性同士で遊ぶときこそ、綺麗な女性像を演出しよう。
カジュアルなモテないコーデは、あなたのモテないオーラを強くします。

とことん綺麗の魔法をかけよう おでかけファッション

ちょっとしたパーティー、改まったディナー、コンサートなど、おでかけファッションは91ページのイラストのような、華やかなスーツファッションが主になります。色は白や淡い色がおすすめです。こちらの春夏と秋冬のコーデは、季節が逆転しても構いません。

このようなスーツは1万円前後で売られています。上手にお買い物をすれば、靴とバッグを合わせて買っても1万５０００円ほどでお釣りがくるでしょう。さらにそうした小物類を数点用意して使い回せば、スーツはずっと使えます。

せっかく素敵な場に行くのですから、お洋服がプチプライスだからといってそれを気にしたり、バッグがブランド品ではないからといってたじろいだりすることはありません。そもそもブランドもので張り合う必要はないのです。持つもので人の価値をはかることはできません。

私もたくさんのパーティーやランチレセプションやディナーなどのご招待を受けますが、アメリカで軽いランチレセプションにお呼ばれしたとき、カットソー素材の水玉のトップスとタイトスカートのセットアップを着ていき、みなさんから「Oh ~ Beautiful!」と、とてもほめていただいたことがあります。

明るい色のスーツを抑えておくとOK

ダボッとすると
PTA！
ヘアは明るい
カラーのほうが
Good
細い人は
白など淡い色
ぽっちゃりさんは
黒っぽいものでも
OK！
ラメがたくさん
入ってたり
凝った素材は
NG
肌色
ストッキング
必ずヒールで！
Spring&Summer
青っぽい
アイシャドーは
NG！
ピタピタで！
1サイズ下でも
OK
ストッキングで
きれいな脚！
Autumn&Winter

その上下セットはなんとモールで購入した1万円以下のものでした。でも、おろしたての新品だったことがよかったのでしょう。ちなみにしっかり美容院でヘアもセットして（20ドルくらい）行きました。

大事なことは、ヨレたものを着ていたり、ヘアがきちんとしていないと一気にリッチな高級感はなくなる、ということです。

また、着ていくもので悩むほどの公式なパーティーなら着物という手があります。必ず華やかになりますし、今は帯もマジックテープで付けるなど、着付けなしで簡単に着ることができるタイプもあります。

こうしてポイントを抑えれば、簡単ですし、できるだけ努力なしで綺麗に見える方法を考えればいつも素敵でいられます。

私は、かつてメイクの本や綺麗になれる方法について書かれた本を読んでも全然実行できませんでした。それは、見るだけで満足して、本のなかで自分の妄想をするだけで終わっていたからです。つまり、自分ならどうすればかわいくなるのか、それを考えて実行することが面倒で、ただ本を眺めているだけだったのです。

そんな私のようなずぼらさんは、本を読んで研究するよりも、美のエキスパートであるプロのヘアメイクの方にお願いして、そのやり方のなかから自分でも簡単にできそうなものをやってみる、というのが、メイクの腕を磨くのには一番効果的です。ただ椅子に座っ

モテない COORDINATE 5

個性が強すぎてしまうとフェミニンさがなくなる

前リボンは
やめて！
切り替え位置が
高すぎるのはNG
ポテッとした
手首まわり×
ロングフレアスカート
重い！NG！
ペタンコ
シューズも×

おでかけNGアイテム

余計なレースやリボン
過度な装飾は安っぽく見えます。上品シンプルにいきましょう。

ダウンコート
お布団を巻いて歩いているみたいです。女優風のコートが◎

て綺麗にしてもらうのはとても楽チンで一番手っ取り早いですが、実はそれが自分の美を知る一番の近道なのです。あなたにもぜひおすすめします。

パーティーなどで出会うお金持ちの男性はあなたに意外性を求めています。ショートパンツとニットにニーハイで元気よく登場するときもあれば、上品なおでかけファッションで現れるときもある、このギャップが彼らにとっては楽しいのです。

間違えやすいのは「軽く見られたくない」という人がしがちな武装ファッションやお嬢様ファッションです。特に93ページのモテないネイビーのワンピースは完全に武装したように見えます。リボンが付いていますが、まったくセクシーではありません。

ブラウスの場合でも、たとえテロッとした素材がよかったとしても、胸元にボウタイやリボンが施されたものは絶対にやめましょう。

プチプライスでも、おろしたてで綺麗色のセットアップであればばっちり決まる。カジュアルコーデとのギャップを楽しんで。ときには着物もGOOD。

印象に残る人ってどんな人？　パーティーファッション

百貨店のドレスコーナーに行くと、スカートがバルーンタイプになっていたりする、落ち着いたブルーやグレーなどの色のドレスがよく置いてあります。

そこで「今度友達の結婚式に出るけど、パーティーに呼ばれたことがないから、どんなドレスを買ったらいいかわからない……」と言うと店員さんは、「これならパーティーで浮くことはありませんし、どこにでも着ていけます」となどと言います。

でも実は、このようなぼさっとした形でダークな色のドレスはモテない代表格のようなパーティースタイルなのです。だから、店員さんの言うとおりになんとなく決めてしまうと、モテない街道一直線となってしまいます。

そもそも、これはショッピングをするときの考え方に問題があります。「パーティーで浮かないように」「パーティーが滅多《めった》にないからパーティー以外でも着て行けるように」ということが前提になっているので、ドレス選びが「守り」に入ってしまい、結婚式にも同窓会にも歓迎会にもお別れ会にも着られる無難なものを選んでしまっているのです。

でも、**守りのパーティーというのは存在しません。ドレスアップに「浮く」ということもありません。**ドレスアップはあなたを一番、綺麗に見せる最高のファッションです。「と

肌は隠さずにとにかくブライトカラーで！

ヘアは絶対
セットしに
いくこと！
首の短い人は
ストールに
この胸からくびれの
ラインが絶対に
視覚的に重要！
（補正下着をつけると
さらにGood）
パール、ビジューのついた
キラキラのサンダル
orシューズで！
ネイルはしっかり！

りあえずこれ一着あれば大丈夫だわ」という保守的な観念は捨てましょう。

92ページのような、明るい色で、体の形が美しく見えるタイトなワンピースやドレスを探しましょう。カットが綺麗な「ＴＡＤＡＳＨＩ　ＳＨＯＪＩ」や「ＦＬＹ　ＧＩＲＬ」のものはぽっちゃりさんでもＯＫ。体型、年齢問わず素敵に着こなせます。ハリウッド女優も多くの人が愛用しています。肌見せしたファッションになりますが、会場がホテルならばそこで着替えれば問題ありません。

99ページのモテないコーディネートのような、色が黒っぽいダーク系のもの、体のラインが出ないボワンとした形のデザインのものはモテません。胸のところで切り替えになっているデザインも、太って見えるのでもちろんＮＧです。さらにボレロを羽織ると重くなってやぼったくなります。たとえレース素材だったとしてもボレロでセクシーにはなりません。セクシーに見せたいならば腕ではなく脚をレースにするべきなのです。

ロングドレスはスタイルよく着こなすのが難しいので、脚は潔く出してしまいましょう。

また、お見合いパーティーの席などでは、「そんな派手な格好をして軽い人と思われたくない」というふうに思ってしまう人がいますが、そういった「軽く思われたくない」というファッションのガードが人を寄せ付けないオーラとなってしまうので注意しましょう。

ぼわっとした暗い色のワンピースでパーティーに行って、結局そこで全然モテないと、どんどん自信がなくなってきて、会場の端へ端へと行ってしまいます。そうすると、素敵

暗い色はどんよりオーラを出してしまう

お葬式のようで
華やかさなし
胸の切り替え✕!!
ウエストの位置が
高すぎて
くびれがない
バルーンは
風船だけで
OK!
透けない黒ストッキングは
セクシーさなし!

パーティーNGアイテム

派手すぎるネイル
派手すぎるネイルは不潔な感じがしますし、男性が引きます。

ヨレた古いもの
新品さのないアイテムはあなたをみすぼらしく見せてしまいます。

な男性を引き寄せなくなってしまうのです。せっかくパーティーに行っているのですから、自分が一番輝く格好をしましょう。

お見合いパーティーでは、年齢がいくつでも太っていても背が低くても美人じゃなくてもとにかくどんな自分でも「今の自分が好き！」と自信を持つことが大切です。するとあなたの内側から美しさが湧き出てきて、みんながあなたに釘づけになること間違いなしです。

ちなみに私はいつも講演会場を選ぶとき、参加者の女性たちに、実際に愛されファッションを存分に実践していただきたいという思いから、優雅な雰囲気で、女性を美しく見せてくれる照明がある素晴らしいホテルなどを選んでいます。そうしたホテルでは、会場の隣のお部屋で豪華な結婚式が行われていたりすることがあるので、もしそこに素敵な男性が参加していた場合、そういった男性方から受ける視線によって、愛されファッションをした自分がいかに美しいかを感じていただくことができます。さらにもしかしたら素敵な出会いもあるかもしれない、そんなことを考えながら会場を選んでいます。

あなたもさまざまなパーティーに参加して、自信を持って愛されファッションをしましょう。パーティーで大輪の花を咲き誇らせてくださいね！

明るい色でタイトなシルエットのドレスを揃えよう。
「守り」のパーティースタイルはない。自信を持って着る！

おうちタイムは100％女の子気分で ルームウェア

おうちタイムはあなただけの特別な時間。着心地がよくかわいらしいルームウェアを着て、素敵な気分で過ごしましょう。かわいいルームウェアがたくさんある「ナルエー」のものや、セクシーさや美胸効果をねらうなら「ゴールドフラッグ」のワンピースがおすすめです。ご家族、特にお子さんがいる場合、あまり露出のあるセクシーなものはちょっと身につけにくいかもしれませんので、カップ付きのコットンワンピースなど、かわいくリラックスできるものを選びましょう。１０１ページのような「リゾートバケーションファッション」のような感じや、ふんわり柔らかいピンクやイエロー、うすいグリーンやパープルなどの甘いマカロンカラー、お花模様などで女の子の気分を盛り上げたいですね。

かわいさも大事ですが、やはり家にいてゆったりとくつろぎたいときもあるでしょう。そんなときは「ＫＩＤ　ＢＬＵＥ」のウェアがおすすめです。とにかく着心地がよく、ガーゼ素材のような肌触りは心が解きほぐされるようでリラックスできます。ジャージやダボッとしたスウェットは絶対にやめましょう。女性を捨ててしまったみたいな気分になってしまうからです。

既婚の方は愛されファッションをすると、家庭の女神になります。

カップ付のワンピースが便利!

ゆるアップが
かわいくセクシー♡
ふわふわ
さわりたくなる
素材
カラー・柄で
女の子気分を
もりあげて♡
40〜50代も
オススメ!

私の場合、愛されファッションに綺麗なヘアメイクをすると、子供たちはすすんで言うことを聞いてくれると感じます。勉強もがんばるし、よくお手伝いもしてくれて、お母さん、お母さんと私を大切にしてくれます。また、主人もとても機嫌がよくなり、なんでも助けてくれたり、仕事もがんばってくれるようになりました。

ところが、適当な格好をしていると、子供たちが途端に言う事を聞かなくなってしまって、子育てがスムーズにいかないような気がするのです。さらに主人も、なんとなくテンションが低くなってしまいます……(泣) 確かに私自身も、愛されファッションとヘアメイクをやめると、ちょっと言い方がきつくなってしまい、がみがみ言ってしまいやすくなるのです。愛されファッションをするだけで、自分もまわりもお互いに優しく接し、ハッピーになる。まさに家庭の女神です。あなたが美しくあるだけで、まわりを幸せにすることができるのです。

さて、おうち時間は綺麗を作る時間でもあります。私は毎日、朝のシャワーを浴びたら、必ずマスクタイプのパックをして、そのあと食事を作ります。パックは綺麗なお肌を作るのにとても重要です。メイクをする前、夜お風呂に入るときも必ずパックをします。面倒ですが歯を磨くのと同じ習慣だと思ってぜひやってみてください。必ず肌が変わります。濃いメイクをしなくても、肌が綺麗ならばそれだけで綺麗な人になれるのです。

さらに素敵なメイクをするために私がやっていることは、メイクをする前に必ず、お花

毛玉やヨレはあなたをみすぼらしくさせてしまう!

ダボダボ
Tシャツは
萎える
I ♥ Hawaii
げんなりする
ねまき
スウェット
NG
セクシーさ
なし

ルームウェアNGアイテム

キャラクターもの
大人の素敵な女性というより、子供っぽくなります。

アニマル柄
やんちゃすぎる雰囲気になり、女の子らしいかわいさが出ません。

を眺めてその香りを楽しむことです。これを私は「お花瞑想」と呼んでいます。お花の綺麗なオーラが顔や体に入っていくイメージが、私をワクワクした気持ちにさせてくれるのです。そんなワクワクした気持ちでメイクをすると自然で可憐なメイクに仕上がります。決してレディー・ガガのようなメイクにはなりません。そのあとお洋服を選ぶときも、透き通るような気持ちで選ぶことができるので、美しいコーディネートが完成します。

綺麗になれるお花の瞑想

これは、私がメイク前にやっているお花瞑想です。1輪のお花をゆったりした気持ちで眺め、バラなどは特に香りを楽しみながら、息をいっぱいに吸い込みます。そして目を閉じます……。

それから心のなかでこのように呟きます……。自分で声を録音して、それを聞くのでもいいですよ。

ここは素晴らしい場所です。素敵な時間が私を包んでいきます。

バラのお花が私をたくさん祝福しています。

この香りが私の細胞ひとつひとつに新鮮な空気を送り込んでくれます。

私の細胞はこのバラのお花のように瑞々しく、いきいきとしています。

廣済堂出版 ド

貴店名

年 月 日

部数 部

書名

人生がどんどんリッチになる「愛されファッション」レッスン

発行所

廣済堂出版

著者

芦澤多美

9784331518366

ISBN978-4-331-51836-6
C0095 ¥1300E

定価
本体1300円＋税

かわいい愛されファッションに身を包み、素敵な私の宝物のような一日が始まります……。

「お花瞑想」をしていると心がワクワクすることを考えるようになります。たとえば、お部屋を軽くお掃除して綺麗なバラのお花を飾ってみようかなとか、軽くメイクをして、愛されファッションで外へ出てみようかなとか、それとも今日は自分を大切にする日にして、気ままにのんびりおうちで過ごそうかなとか、そんなことを考えられるような素敵な一日が始まるのです。雨などでずっと家にいる日だとしても、お花瞑想をすると、素敵な洋服を眺めるだけで次のお休みはこれを着てどこに行こうか考えるようになり、とてもリラックスしてくつろげます。

こうやって自分に甘くしてあげると、自分を労わろうという気持ちになり、安心してよく眠れるし、心が安らぐのです。

私の場合、「綺麗になるためにがんばります！」みたいな気合いの入ったストイックなやり方では、かわいくなれないみたいです。それに続かないのです。

それに、いつも緊張していると血管が収縮し、血のめぐりも滞ってしまいます。美肌ホルモンは安らいだときに分泌されます。だから自分に優しくしてあげるだけで、お肌も体も心も調子が抜群になるのです。美しさとはみながそれぞれに持っている宝物です。無理にモチベーションを上げる必要はないと思います。ましてや、誰々がこうだから私も綺麗にしなくちゃとか、あの人はいつも綺麗だけど私なんてなどと他人と比べたりばかりしていては、自分のなかのもう一人の自分が、悲しくなるのではないでしょうか。

そうして人と比べているとき、あなたのなかの「愛の泉」は少なくなっています。本来あなたの「愛の泉」は、無限のエネルギーがじわ〜っと大量に湧き上がっているものなのです。けれども「愛の泉」が少なくなっていると感じたら、「悲しい」と感じているもう一人の自分の存在に気づいてあげて、自分に優しくすることで労わってあげましょう。思いっきりくつろいで心も体も解放することで、自分をたくさん抱きしめてあげることができます。すると、あなたの「愛の泉」に豊かなエネルギーが湧いてきます。

こうやって自分を、大切に宝物のように扱い、たっぷりと愛していると、たとえ豪華なパーティーに呼ばれてすごい人があなたの目の前にやってきたとしても、落ち着いていつもの自分自身でいることができるのです。どんなときでも自分らしく、心地よくいられるようになるのです。

自分に優しいお部屋着で、まったりと自分を愛しながら、自分に優しい瞑想をする、そんな時間が私は大好きです。

やわらかいマカロンカラーのかわいいルームウェアを着よう。お花瞑想をして、たっぷり自分を愛する時間を過ごそう。

これだけ覚えて！　一気に華やかな人になれるヘア＆メイク

どれほどお洋服だけ愛されファッションにしても、髪がぼさぼさのすっぴんでは台無しです。ここでは、一気に印象が変わる簡単愛されヘア＆メイクについて学んでいきましょう♪

私がプロの方にメイクをしていただいてわかったのは、一番綺麗になるメイクの方法とは人によって本当に違うんだということです。

ちなみにプロフェッショナルはメイクをするその人の特徴を瞬時に掴むことができます。本書ではおひとりおひとりにその人なりのメイク方法をお教えすることはできませんが、私がプロの方のメイクを見ていて学んだ、「お顔の雰囲気別・3分でミラクルに変身できる方法」をお教えします。

＊目の大きい人は、その人の肌に合う赤系のリップグロスをつける。そしてリップが浮きすぎにならないようにチークをファ〜っとつける。ただしつけすぎに注意！

＊小さい目、細い目の人はその人に合う、つけまつげをつける。その分リップは控えめに。

＊全体的に目鼻立ちがはっきりしていない薄めのお顔の人は、ピンクのグロス、ビューラ

ー、マスカラ、ピンクのチークをほんのり薄くつける。

そしてどんな人もかわいくなれるとっておきの方法があります！　それはイギリス王室キャサリン妃ご用達のような大きな帽子やヘッドドレスを着けることです。

私のドレッサーの上にあるケースのなかにはたくさんのヘッドドレスがかわいく収納されていて、プレゼントにして差し上げることも多いです。地味な雰囲気の女の子でもヘッドドレスを着けてあげると、いきなり主役級の存在感を持った女性になります。

また、ヘッドドレスは上品ながら、お顔に帽子の影がかかることでちょっとミステリアスな雰囲気が出てセクシーさも引き出すのです。これはメイクの時間がない場合でも一気に華やかになれる裏ワザです。

キャサリン妃も愛用されているほどなので公式パーティーでも花形になること間違いなし♪

ちなみに私が購入するヘッドドレスはだいたい3000円以下のものが多いです。

そしてヘアスタイル。これは若さを演出するためにとても重要な役割を持っています。

私は月に一度は美容院に行き、トリートメント、カラーをやり直しています。

髪はまとめやすい長さにしておくのがいいと思います。キャサリン妃のようなミディアムロングぐらいなら、自分でもセットしやすいし、アップヘアも簡単だからです。

ショートカットはこまめな手入れが必要なので、最低1ヶ月に1回は美容院に行ける人に向いています。

髪に癖がなくストレートの人は、フェイスラインが綺麗に見えるワンレンボブぐらいにすると、毎日くるくるドライヤーで乾かすだけで美人度200％のスタイルが完成です。

こちらもできるだけこまめにカットとカラー、トリートメントに行きましょう。髪に天使の輪が広がって、いつもサロン帰りのようなツヤツヤの髪を維持できて若々しい印象になります。

どうすれば、毎日のお手入れが楽で、セットするときは簡単に、かつ極上に見えるのか、自分の髪質やライフスタイルと合わせて髪の長さやカットの形を考えていきましょう。

私はさまざまなヘアスタイルをしましたが、今はずっとロングです。髪質に癖があるので短い髪だと毎日しっかりセットをしなければなりませんが、ずぼらだし、子供のことや家のなかのことで忙しいので、さっとくくったり編み込んだりリボンでアレンジをしたりすれば簡単にかわいくなるロングヘアが合っているようです。さらにロングは、美容院でセットするときなど、いろんなゴージャスヘアが楽しめる点もいいところです。

ちなみに美容院にヘアセットに行くときは、自分でもできるように美容師の方にヘアアイロンの巻き方などを教えてもらいましょう。簡単にかわいくできる方法をプロの人はいっぱい知っています。これは本で研究するより実践的なのでわかりやすく、役に立ちます。

年齢が出るのは白髪、薄毛なので、白髪にならず、また髪の毛が増えるように、太くなるようにストレスのない生活を心がけたいですね。ストレスがすべての老化の原因だと私は思っています。**そして大事なのはなんといっても清潔感。**

キャサリン妃のヘアスタイルは基本的にいつも同じですが、清潔感にあふれています。清潔感があり、ツヤツヤで綺麗でいい香りのする髪は、美人度をぐっと高めるのです。

あと大切なことをお伝えしておきます。美しくなるためには細くなければいけない、だから痩せなければいけないと思っている方は少なくないと思います。

でも、**女性は痩せなくてもモテます。**むしろ痩せすぎているとモテません。

だから、もし自分がちょっとぽっちゃりすぎるとか脚が太いなどと思っているとしても、無理なダイエットをする必要はまったくありません。男性は女性の健康的な美しさに惹かれます。また、女性らしい柔らかそうな体はとても美しいのです。

無理なダイエットをして貧相になってしまうより、ちょっとぽっちゃりしていても笑顔いっぱいの女性のほうが男性にとっては魅力的なのです。

第4章

美人オーラを磨く方法

豊かで素敵なファッションに自分の中身を合わせていく

あなたがこれからの人生で、運命のパートナーはもちろんお友達や仕事先の人などで、たくさんの豊かで素敵な人たちに出会い、そんな人たちに囲まれて過ごしていくとしたら、毎日はとても楽しいことでしょう。

そんな素敵な人たちに出会いたいと望むなら、愛されファッションをするだけではなく「こんな人に出会いたい」と思うような人に、まずあなたがあろうとすることです。

愛されファッションは、あなたの人生を変えるひとつの大きなきっかけに過ぎません。

あなたがお金持ちであろうとなかろうと、あなた自身が豊かな心の持ち主なら、どんな状況にいても強力な磁石が引き寄せるように、豊かな男性に出会います。

逆に、「豊かでない人」とはどういうことかというと、人から搾取しよう、自分だけが得しようといつもがつがつしている人です。あるいは「自分が一番で他は下」のようなまわりを見下した意識があったり、他者を労わる気持ちがなく、いつも自分だけがよければいいという自己中心的な人です。

そのような人は、結局同じような人に出会うので、パートナーともけんかが絶えなかったり、変な束縛をし合ったり、その人と健全な関係を持ちにくくなります。人は同じものとしかいっしょにはなれないのです。

よく、「私はこれまで高学歴で収入も高く素敵な職業の方とお付き合いをしてきましたが、今回付き合った彼は普通のサラリーマンです。私はこんな彼と付き合うべきでしょうか。優しい彼といるとほっと落ち着くし、楽しいのですが……」という相談をする方がいます。そのような人は相手の男性がもしその言葉を聞いたら、どんなに悲しい気持ちになるかまったく考えていないのでしょうか？　お金と職業しか頭にないのかもしれません。

人を大切に思う気持ちを持つようにすれば、相手の男性とともにどんどん豊かになって、ハーモニーリッチ婚になります。男性は、あなたの愛のある努力と献身によって、どんどん素敵になるのです。そんな例はたくさんあります。このことについては、『夫をお金持ちにする64の習慣』（ディスカヴァー・トゥエンティワン）で詳しく書きましたので合わせて読んでみてください。きっと「豊かになる」ということがどういうことかわかると思います。

でも、人を大切に思う気持ちを持たず、前述のような浅い考えだけで結婚すると、次は子供のこと、お姑さんのことなど、煩悩の塊のような悩みが次々にやってくるものです。そんな悩みのことを考えている波動はとても貧しく、豊かさとは真逆です。どんなに見た目を美しくしていても、どこかさびしげで近寄りたくない雰囲気が出てしまうことでしょう。

では反対に、高学歴でお金持ちの男性から、学歴も低いしお金もないつまらない女だと思われたまま結婚したとしたらどうなるでしょう。

ちなみに私はそんな男性とつきあいたくありません。そういう男性はたとえいっしょにいても、なんとなくいつも見下されたような態度をとったりして、みじめで貧しい気持ちにさせるものです。その結果、自分の自尊心は低くなっていきます。だからたとえお金があっても、豊かさからはどんどん遠くに離れていく人生となるでしょう。私は何億円の収入があろうとこんな人とともに過ごす人生はいやです。お金で魂を売りたくありません。実はお金とは見えない幻想のようなものなので、あってもなくても心豊かに暮らせるからです。

私の知人の女の子の話ですが、当時大学生だった彼女はいつもお金がありませんでした。でもとってもかわいい性格で、決して自分のことを貧乏、貧しいというふうにはとらえずに、1円1円を大切にして愛されファッションを楽しんでいました。

働き出してからも堅実にお金を貯めながらいいものを少しずつ購入して自分に投資し、日々を謙虚に楽しんでいました。すると、ずっと素敵な人が見つかりその人と結婚しました。今、彼女は経済的にも精神的にも豊かに暮らしています。

そう、豊かで素敵な人と出会うのにそのときの自分にお金があるかないかなんて関係ないのです。**たとえ何もない生活でも、お金も愛もものも全部豊富にある生活と何も変わらない、そういう意識で自分の生活をとらえていると、現実がそうなっていく**のです。

「すでにある」という気持ちになるには、日々のなかにあるたくさんの「豊かさ」に気づいていくこと、それを繰り返すことで今の自分の生活が豊かそのものだとわかるのです。

そして本当の意味で豊かなお金持ちになると、お金のあるなしや有名であるかないかなどで人を判断するのが無意味なことだとわかります。その結果、いっしょにいて自分といい影響を与え合えるか、合えないかで仕事仲間やパートナーを選ぶようになるのです。だから、どんなにスペックが高くてもいやな人なら自分と関わることを避けます。つまりお金という表面的なもので人をはからなくなるのです。

ですから、あなたも自分自身が心の豊かな人でいつづければ、素敵な女性になっていきます。あなたの醸し出すオーラは、お花の香りがしてくるような美しいものになっていくでしょう。するとどんな状況でも豊かに暮らしていくことができますし、あなたが望むなら経済的に豊かにもなっていくのです。愛されファッションはそんな美しいあなたを、より引き立たせていくお手伝いをしているだけなのです。

一人で素敵なお店に入ってみよう！

私が講演会の最後に、参加者の方にときどき出す実践練習があります。それは、「帰りは自分一人でレストランなどのお店に入って、一人で時間を過ごしてください」というもの。

ほとんどの女性は、「あの人は一人なんだ」と思われるのが恥ずかしいとか、何か行動をするには友達がいっしょにいないとさびしいと言います。特に愛されファッションにふさわしい場所に一人で行くのは大変勇気のいることのようです。

でも女友達とつるんでばかりで一人で行動しない人は結局彼ができないと言っています。ちょっと勇気がいるかもしれませんが、がんばって愛されファッションをして、一人で素敵なお店に入ってみてください。実際に受講者の方から、講演の後に一人でレストランに入ったら他の男性客から突然名刺を渡された、デートの誘いをいただいた、そこでの出会いから結婚できたという報告も受けています。

一人でいるからこそ、男性が声をかけやすいということもありますよ。だからあなたも、一度全身ばっちりおしゃれして、一人でおでかけしてみてください。近いうちに必ず変化があります。初めは慣れないので緊張してしまい、男性が近寄りがたい雰囲気を出してしまっていたりすることもあるかもしれませんが、一人で行動するうちに余裕が出てきてあなたの雰囲気は変わります。一人で行動するための練習のひとつとして、ちょっと高級なショップに入ってみて、リッチな雰囲気を知ってみる、というのもいいかもしれません。そのお店の商品を買えるか買えないかはあまり関係ありません。デザインや質感を見て、上質なお洋服や宝石を見る目を肥やしていくのです。

一人のときも、いえ一人のときこそ、綺麗な愛されファッションを心がけましょう。

夜遊びはやめる

何年経っても夜遊びが好き。そんな人は夜遊び人の男性に好かれるので、結婚にも至らないようなお遊び的で傷つくだけの恋愛ばかりを繰り返し、せっかくの若い時間を無駄に過ごしてしまいます。

夜遊びの場では安っぽく思われ安っぽく扱われやすくなるので、上品オーラは身につきません。また、夜は判断力も鈍るのでまともな判断もできなくなるのです。深夜2時に出会う人がいくらお金がある、地位があると言っていたとしても、その人が昼間にきちんとした会話ができる人かどうかなんて定かではありませんからだまされないように。それでは、いくら愛されファッションをしてもずっと同じような人生を繰り返すことになってしまいます。

豊かであることは、早寝早起きで健康であるということです。

夜10時に寝る人はいつも元気でいきいきしています。いやなことがあっても元気な笑顔に戻るのが早く、とても健康的です。たっぷり眠ることでいつも頭がすっきりと冴え、頭の回転も早くなるので変な人と関わることも会うこともありません。

先ほど私は「毎日のなかにあるたくさんの豊かさに気づいていく」というお話をしましたが、**夜に出歩くと自分自身が悲しくなるような、貧しい気づきをしてしまう**ことが多いようです。たとえば、「やっぱり私は綺麗じゃないからダメなんだ」「お金がすべて」「人から『羨ましい』と言われたい」……そのような歪んだ気づきを得てしまうのです。

そんな悲しい気持ちにさせられる場所で、どうやれば上品でハッピーなオーラを全開にできるでしょうか？　非常に難しいと思います。つまり夜にうろついてもいいことはほとんどないのです。

女性であることを忘れてはいけない

特に女性ばかりに囲まれた環境に長くいると、女性らしさを失いがちになるようです。家も職場も女性ばかりで男性と接することがない、そうして男性の目を気にしないことが当たり前になってしまうと、急に男性のいるところに行ったときに、変に意識しすぎてぎこちなくなってしまいます。こういう方は、習い事を始めるとかサークルに入るなどして、男性に囲まれる生活をすぐに取り入れましょう。

また、ずっとボーイッシュなファッションをしていたので、脚を広げて座るのが身についてしまっているという方もいるかもしれません。でも、**愛されファッションに変えると、**

途端にしぐさや振る舞いが女の子らしくなります。また、それまで「汚ったねー！」とか「やばいよ、それ」といった言葉遣いをしていたとしてもその言葉遣いも変わります。「やばいよ、それ」ではなく、「あ、それはどうにかしましょう」などの言葉遣いに変わるのです。

そうやってかわいい女性であることを楽しんでいると、鏡をたくさん見たくなります。そんなときは、どんどん見てください。私は、この原稿を愛されルームウェアで書いているのですが、セクシーで女の子らしいワンピースでいると、目の前に鏡を置いておきたくなり、実際に置いてみると自分がかわいいので何回も見たくなります。するともっとかわいくしたくなって、ちょっとリップを塗り直そうとか、ちょっとシュシュをかわいいものに変えようとか、もっとかわいくしたいと思う、純粋な乙女心が芽生えてきます。

さらに、そんなふうに女の子であることをかわいく楽しんでいると、あなたの運命の彼のほうももっとあなたを愛したいな、愛おしいなと思うのです。

素敵なシチュエーションを妄想しよう

さて、第3章では愛されファッションをシーン別にご紹介しました。なぜシーン別だったかというと、それはできるだけ素敵なシチュエーションをイメージをしたほうが、実際にそういう現実がやってきやすいためです。

愛されファッションを着たあなたが、そのシチュエーションでどんなふうに過ごすのか、できるだけ細かく楽しくその状況を妄想してください。「今日はデートだわ♪　でもあのレストランではバッグやジャケットにチーズの匂いがつきやすいかもしれないから、スプレーをカバンに忍ばせておこう。これで匂いはしないからばっちり！」とか「ちょっとセクシーな下着を買ってみたけど、お母さんにばれないようにどこにしまう？」とか。この場合、どうやって洗うのか、干すのかまで考えましょう（笑）。

まだ彼がいなくても、このぐらいまで進んだイメージしておくことはとても楽しいですし、実際に簡単にそうなっていくので面白いですよ。

直感力を磨き、行動していこう

私が夫と初めて出会った日、なぜか私は「なんとなく今日はこの愛されニットとスカートを着ていきたい」と感じました。そんな直感力を身につけるためには、一人になって自分を見つめる時間をたくさん取ることが必要です。

私の場合は家族がいるので、なかなか一人になれませんが、たまに一日でも半日でも一人旅に行き、旅先でいろいろ考えて、自分が本当に思っていることと実際に行動していることに嘘がないかを確かめます。すると、その後、新たにやってきた出会いやチャンスなどが、自分にとって本当にいいものかどうか、選択すべきかそうではないかがすぐにわかるようになるのです。それは一人になることで自分のなかに現れる違和感やワクワク感に敏感になるからです。そして、その直感力を信じられる自分になることが、私の思う究極の直感力です。

愛されファッションは、自分を美しく魅せてあげながら、自分で自分自身を祝福してあげながら、人生という旅をすばらしいものにしていくためのひとつの方法です。

愛されファッションの一番のすごさは、何よりも実行が簡単なので、すぐに行動に移そうと思えることです。**どんな人でも、綺麗な洋服を着るだけで、一気に美人になれます。**

そうやってあなた自身が、愛されファッションをすることでワクワク素敵な気持ちになり、毎日はどんどん輝いていくのです。そうして自分も、愛するパートナーも、そしてあなたのまわりにいる人たちも最高にハッピーでいられるようになります。

さあ、よれよれのジーンズやTシャツは捨てましたか?

まずはこの本を片手に、素敵な洋服を揃えましょう。インターネットでも構いません。あなたにぴったりの綺麗なペールカラーのワンピースと、ピカピカのハイヒール、上品セクシーな黒のジャケットをさっそく買いに出かけましょう!

1万円でgetした真っ白のドレス。
講演会のときに着たりします♡

芦澤多美の
愛されファッションライフ

こちらは、私が実際に着ている愛されワードローブの一部です♪
お気に入りのお洋服を選んでいるときは、私の大好きなハーモニーリッチタイム♡
ぜひ参考にしてみてください！

スポーツをする方にはOAKLEY
のゴルフウェアが素敵でおすすめ。

お茶会やビジネスシーンのときに
着て行くととても好印象の1着♪

綺麗なお花とキラキラの小物で、
さらに女の子気分を上げよう♡

デコルテの開きが綺麗に見える
ニット素材の白ワンピは鉄板♪

エピローグ

どんなファッションをしていても、あなたがあなたらしくいるときが一番輝いています。

実は、私は以前「何かもっとすごいことをやらなきゃいけない！　大きくなろう！」と焦っていたときがありました。でもその頃は仕事も何でもがんばっていたのに、なぜか空回りばかりだったのです。綺麗にしていてもなんとなく元気もなくて、夫との関係も今ほどうまくいっていなかったと思います。

でも、そんなふうに無理にがんばることをやめて、自分の思うことやしたいことを素直に表現したり行動したりしてみたら、躍動感があふれてきて、元気が爆発したのです。同時に鏡に映る自分の顔が「ぱあーっ！」と明るくなりました。

そうやって、「何かすごいことをやらなくてもいいんだ、もっと遠くの何者かになろうとしなくていいんだ」と気づいたら、夫婦関係もよくなって仕事もうまくいくようになったのです。無理にがんばるよりも私が私らしくいたほうが何百倍もうまくいくんだと、本当に心と体で実感しました。

だからあなたも、あなたの場所であなたらしくいることで、あなたは一番輝きます。そうすることであなたのなかの豊かさと愛が目覚めるからです。あなたはあなた以外の誰になる必要もありません。

私の今いる場所は、この愛する家庭です。お花を育てることも子供の運動会も魚取りも楽しむ、なにげないけれど奇跡で宝物がいっぱいの日々です。


みなさんも、それぞれに今のご自分の場所があると思います。会社でがんばっている人、家事に追われて子供のお世話でいっぱいの人、結婚しなくちゃと思っている人、どうやって生きたらいいか模索している人、とにかく豊かになりたいと思う人……。

みな答えはひとつ、ただ幸せになりたいのです。でもそのために必死になる必要はありません。幸せになるために「これをしなくちゃ！」「あれもしなくちゃ！」というものは、本当は何もありません。

「何も起こらなかったら私の人生はどうなるの？　計画を立てないと不安で生きられない」ひょっとしたらあなたは、毎日そんなふうに思っているかもしれません。私もずっと何かに追いかけられてきたようにがんばっていたのでそれはよくわかります。でも、そんな状態で愛されファッションをしたとしても、本当の自分を無視して心の奥に封じ込めた苦しさが雰囲気に出てしまうでしょう。

「理由はわからないけれどなぜか苦しい」、もしそんな状態だったら、素直に苦しいと言って力を抜いてみてください。そうやって自分の本当の気持ちに気づくとずいぶん楽になれますよね。そして心からリラックスして、あなたのいるその場所で、ぜひ愛されファッションをひとつでも楽しんでみてください。きっと今いる場所が、夢広がる楽しいお花畑のような場所に変わっていくでしょう。

するとあなたは、一人でも楽しいな、人生っていいものだなあ……と生きることを心の底から楽しめるようになっていきます。そしてふと気がついたとき、あなたのまわりの人たちもどんどん幸せになっているのです。

あなたはそのお花畑の種をたくさん、たくさん植えていける素敵な女の子です。

愛されファッション。それは、豊かな愛のあふれる人生にふさわしい、自分を愛する方法のひとつです。

最後に、デートのときに「その服ダサい！　かわいくない！」とはっきり言ってくれたことから始まり、今の「いつまでも若くかわいい私」にしてくれた愛する夫に感謝します♪　彼は、ファッションアドバイザーのプロの経験を生かし、ハーモニーリッチファッションコーディネーターとして、私の衣装もセレクトしてくれたりと今までずっと陰で私を支えてくださいました。

そのおかげで、天からのインスピレーションでセレクトしたコーディネートを今まで6年の間、数千の方々にご紹介することができました。その結果、みなさまからは恋人ができた、結婚が決まったといったうれしい体験談をいただくことができました。

ですので、この本は、ハーモニーリッチ婚を目指す愛おしいあなたと愛する夫に捧げます。いつも彼は自分のすごい才能に控えめな人ですが、いつもいつも強くどっしりと私を見守ってくれて、愛してくださる人です。ありがとうございます。心から感謝しています。私がいるのは夫のおかげです。

また、3年間にわたってずっと私を愛してくださった廣済堂出版の山登麻子様のご尽力に、心より感謝申し上げます。

何より、みなさんの毎日が素敵なお花畑のような日々になりますように。心をこめて。

芦澤　多美

人生がどんどんリッチになる
「愛されファッション」レッスン
とびっきりかわいい私は、世界にとって宝物

2014年6月8日 第1版第1刷

著者
芦澤多美

発行者
清田順稔

発行所
株式会社 廣済堂出版
〒104-0061 東京都中央区銀座3-7-6
TEL 03-6703-0964（編集）03-6703-0962（販売）
FAX 03-6703-0963（販売）
振替 00180-0-164137
URL http://www.kosaido-pub.co.jp

印刷・製本
株式会社 廣済堂

デザイン
大久保裕文+川崎寛朗（Better Days）

イラスト
ミヤモトヨシコ

ISBN978-4-331-51836-6 C0095